에이브러햄 링컨

에이브러햄 링컨

오병학 지음

규장

믿음과 신앙과 인격의 사람, 링컨

에이브러햄 링컨은 가난한 개척민의
통나무집에서 태어났다. 정규 학교 교육도 겨우 1년 정도 받았다.
무수한 실패를 경험했다. 그럼에도 불구하고 결국 그는 미합중국의
대통령이 되었다.

그러나 링컨의 삶에서 빛나는 것은 대통령이라는 직위만이 아니
다. 그의 훌륭한 인격, 누구보다도 뛰어난 인격이 그 안에 있었기 때
문에 더욱 역사에 남는 인물이 되었던 것이다. 또한 링컨은 진실하
고 성실했다. 사람의 생명을 자기 몸보다 더 아끼고 사랑했으며, 남
을 위하는 일이라면 자기 목숨 버리기도 마다하지 않았다.

이러한 링컨의 인격과 정신과 행동은 모두 하나님을 믿는 신앙에
서 비롯된 것이었다. 그는 어떤 어려움을 만날 때면 반드시 이렇게
기도했다.

"하나님, 제발 도와주세요. 당신께서 돌봐주시지 않으면 나는 아
무것도 할 수 없는 사람입니다."

러시아의 문호 톨스토이는 그에 대해 이렇게 말했다.

"지금까지 인류 역사에 출현했던 정치가들 가운데 링컨만큼 큰 사람은 없었다. 그동안 알렉산더, 프리드리히 대왕, 나폴레옹, 글래드스턴 그리고 워싱턴 같은 사람들을 위대하다고 말해왔지만, 인격의 크기로 말하면 링컨보다 훨씬 뒤떨어지는 사람들이다. 링컨이야말로 온 인류가 자랑할 만한 인물인 것이다. 그는 그리스도의 얼굴을 지닌 사람이었고, 풍부한 사랑을 가진 성자였다. 그러기에 그의 이름은 오고가는 세대를 통해 수천 년 동안 길이 기억될 것이다."

지금도 링컨은 온 세계 사람들로부터 존경을 받고 있으며, 특히 미국에서는 전설적인 인물로 추앙받고 있다. 그에 대한 책만 해도 지금까지 5천 종류가 넘도록 만들어졌다고 한다.

그렇다. 링컨의 위대한 점은 후에 대통령이 되었다는 데에 있었던 것이 아니라 누구도 따를 수 없었던 훌륭한 인격에 있었다. 아무쪼록 이 책을 통해 우리 청소년들도 그런 그의 인격을 배울 수 있기 바란다.

오 병 학

저자의 말

신대륙의 개척자들 • 9

농사꾼의 아들 • 19

미합중국의 탄생 • 29

인디애나 주로 이사하다 • 39

어머니 낸시의 죽음 • 49

성경에서 배운 꿈 • 60

뉴올리언스 여행 • 71

참혹한 노예시장 • 81

훌륭한 지식인으로 • 92

주의원으로 당선되다 • 102

차례

변호사가 되다 • 112

결혼 • 123

정의 편에 선 사람 • 133

드디어 국회로 • 144

불붙는 싸움 • 154

마침내 대통령이 되어 • 165

감격의 취임식 • 176

남북전쟁이 터지다 • 186

게티즈버그의 연설 • 196

아, 총탄에 • 206

부록

신대륙의 개척자들

　　미국 켄터키 주에서 가장 큰 도시인 루이빌에서
자동차를 타고 남쪽으로 약 한 시간쯤 달리다 보면 '멀드라프 고개'
라고 불리는 산봉우리가 앞을 가로막는다. 매우 높고 가파르며 험준
한 비탈길이다. 그 길을 굽이굽이 돌아서 봉우리를 넘고 나면 앞이
탁 트인 넓은 들판이 펼쳐지는데, 그 아래로는 '호젠빌'이라는 그리
크지 않은 마을이 내려다보인다. 이 마을 한가운데에는 지금도 링컨
의 동상이 우뚝 서 있다.

　　호젠빌에서 다시 벌판 쪽으로 약 4킬로미터쯤 더 가면 지금까지
도 잘 보존되어 있는 통나무집 한 채가 있는데, 바로 이 집에서 에이
브러햄 링컨(Abraham Lincoln)이 태어났다.

　　가로 세로가 5.5미터, 4.8미터 가량에 문도 창도 하나뿐인 통나무
집이 으리으리한 대리석 건물 안에 잘 보존되어 있다. 1916년에 완

공한 대리석 건물에는 많은 돈과 뛰어난 기술자들의 땀이 담겨 있다. 보잘것없는 통나무집 하나를 가꾸고 보존하기 위해서 엄청난 투자가 된 것이다. 그만큼 링컨은 미국 국민뿐 아니라 전 세계에서 존경받는 인물이다.

～

지금은 현대적인 농촌으로 잘 가꾸어져 있지만, 링컨 당시만 해도 이 지역은 끝없이 펼쳐진 넓은 들판에 수천 년 전부터 뿌리박고 자라온 아름드리 나무들이 빽빽하게 들어서 있었다. 그러다가 동부에서 옮겨온 사람들이 여기저기에다 통나무로 집을 짓고 거친 땅을 개척하면서 새로운 생활의 터전이 만들어지기 시작한 것이다.

링컨의 아버지 토머스 역시 그런 사람들 가운데 하나로서, 땅을 개간하는 한편 목수 일을 하면서 어려운 살림을 꾸려나갔다. 당시 링컨의 가족이 살고 있던, 지금까지 잘 보존되고 있는 링컨의 생가는 아버지 토머스가 손수 만든 것이다.

링컨이 어렸을 때, 그의 아버지 토머스는 밭일을 거들어주는 아들 에이브에게 조상들의 이야기를 종종 들려주곤 했다. 에이브는 에이브러햄의 애칭이다.

"우리 조상은 영국 사람이었어. 직물을 짜면서 살았던 우리 몇 대의 할아버지인 사무엘 링컨이 영국에서 이곳 신대륙 매사추세츠 주 힝엄으로 건너와 살게 된 것은 1637년의 일이란다."

"정말요?"

"응. 그 후 할아버지의 자손들이 뉴저지, 펜실베이니아, 버지니아 등 여기저기 옮겨다니며 살다가, 바로 네 할아버지인 에이브러햄 링컨이 1782년에 이곳 켄터키로 와서 정착하셨지."

어린 링컨의 눈이 빛났다.

"제 이름과 할아버지의 이름이 같아요. 둘 다 '에이브러햄 링컨'이잖아요."

아들의 말에 토머스가 빙그레 웃으면서 대답했다.

"내가 할아버지 이름을 그대로 따서 네 이름을 지었기 때문이야. 그리고 에이브러햄은 구약성경에 나오는 아브라함과 같은 이름이란다. 너도 아브라함처럼 굳센 믿음을 가진 사람이 되기를 바라는 마음에서 따온 이름이지."

"와, 정말 멋진 이름이네요! 그럼 나도 반드시 성경에 나오는 아브라함처럼 훌륭한 사람이 될 거예요."

에이브는 당장이라도 자기가 훌륭한 사람이 된 것처럼 기뻐했다. 그들 가정은 재산가도 명문가도 아니었지만 신앙에 대해서만큼은 철저했다. 아버지 토머스와 어머니 낸시는 아들이 구약의 아브라함처럼 큰 복을 받기를 바라는 마음과 함께 그의 믿음을 본받기를 바라고 있었다. 그 마음이 에이브러햄이라는 이름에 고스란히 담겨 있었다.

에이브가 다시 아버지에게 물었다.

"그럼 아버지는 어디에서 태어났어요?"

"버지니아 주의 로킹엄에서 태어났단다. 할아버지는 그곳에서 아들 셋과 딸 셋, 6남매를 낳으셨지."

아버지는 마치 어린 시절을 회상하듯 먼 곳을 바라보며 말했다.

"할아버지는 켄터키 주에 기름진 땅이 많다는 소문을 듣고 이리로 옮기셨어. 그 소문은 사실이었지. 그래서 이사한 후에는 살림도 훨씬 나아졌고."

"아, 그랬구나."

아들이 귀를 기울여 열심히 듣자, 토머스는 아예 일손을 멈추고 이야기를 차분하게 들려주었다.

"그런데 말이다. 그렇게 이사하고 나서 2년쯤 지났을 때, 그러니까 내가 일곱 살 되던 해 어느 날이었지."

아버지는 무슨 말을 하려는지 먼저 크게 한숨부터 내쉬었다. 그러자 에이브의 눈이 동그래졌다.

"무슨 나쁜 일이 있었나요?"

"응. 나쁜 일이지. 나는 네 할아버지와 함께 밭에서 옥수수 씨앗을 심고 있었는데, 갑자기 네 할아버지가 '으악' 하고 소리를 지르더니 밭고랑 사이로 쓰러지셨어."

"갑자기 어디가 아프시기라도 한 거예요?"

"깜짝 놀란 내가 정신없이 다가가서 쓰러진 할아버지를 부둥켜안았는데, 어린아이의 힘으로 쓰러진 어른을 일으키는 게 어디 보통 일이니. 힘에 부쳐 나도 그만 함께 넘어지고 말았단다. 그러면서 할아버지 등에 화살이 깊이 박힌 것을 발견했어."

에이브는 등에 박힌 화살을 보기라도 한 듯 눈을 질끈 감고 머리를 흔들었다. 그러고는 아버지에게 물었다.

"누가 할아버지한테 화살을 쏘았어요?"

"나도 그 화살이 어디에서 날아온 것인지 찾으려고 고개를 들고 사방을 살피는데, 조금 떨어진 곳에서 또 '탕' 하고 총소리가 들리더니 높다란 바위에서 인디언 한 사람이 비명을 지르며 아래로 굴러 떨어지더구나."

"그럼 그 인디언이 할아버지한테 화살을 쏜 거예요?"

"응. 그렇단다."

"그러면 그 인디언에게 총을 쏜 사람은 또 누구였어요?"

아버지는 실감나게 이야기를 들려주었다.

"총소리가 난 쪽을 쳐다보니, 수풀 사이로 막 총을 쏘고 일어서는 네 큰아버지 모습이 보이더구나."

"그러니까 할아버지는 인디언의 화살에 맞아 돌아가시고, 그 인디언은 큰아버지의 총에 맞아 죽은 거예요?"

"그래. 큰형, 그러니까 네 큰아버지가 집에서 나오다가 우연히 인디언 하나가 우리 쪽으로 화살을 겨누고 다가서는 것을 본 거야. 그러고는 재빨리 집으로 들어가 총을 가지고 나와 인디언을 겨냥하고 쐈는데, 안타깝게도 그 인디언보다 조금 늦고 말았지."

에이브는 무언가 골똘히 생각하더니, 아버지에게 물었다.

"혹시 할아버지가 그 인디언에게 나쁜 짓을 했나요? 그래서 화살을 맞은 거예요?"

"그건 아니야."

아버지가 온화한 목소리로 말을 이었다.

"그 무렵 켄터키 주는 황무지였는데, 땅이 기름지다는 소문 때문에 개척민들이 많이 몰려들었어. 네 할아버지도 그런 사람들 중에

14

하나였고. 그러다보니 개척민들 때문에 그곳에서 밀려난 인디언들이 개척민들을 습격하곤 했어. 네 할아버지를 공격한 인디언도 마찬가지였고."

"그렇군요. 아버지는 그때 다치지 않았어요?"

"응. 그때는 다치지 않았지만 나도 큰일이 날 뻔했지. 네 할아버지가 돌아가신 그해에 인디언한테 붙잡혔거든. 하마터면 끌려가서 죽을 뻔했는데, 그때도 네 큰아버지가 나를 발견하고 달려와서 나를 구해주었단다."

"정말 큰일날 뻔했네요."

"그럼, 아슬아슬했지. 그때는 인디언들에게 죽은 개척민들도 많았고, 반대로 개척민들에게 죽은 인디언들도 굉장히 많았어."

18세기 말 아메리카 신대륙에서는 개척자들과 인디언들 사이에 피비린내 나는 싸움이 끊임없이 일어났다. 한편은 땅을 빼앗기 위해, 다른 한편은 땅을 빼앗기지 않기 위해 싸웠다. 그 시기에 링컨의 할아버지는 무참히 죽고 말았다.

에이브는 무시무시한 전쟁 이야기를 듣고 있는 것 같아서 몸이 으스스 떨리기까지 했다. 토머스는 겁을 먹은 아들을 품에 안고는 이어서 가족들 이야기를 들려주었다.

아버지를 일찍 잃은 토머스는 어려서부터 형제들과 함께 직접 농사일을 해야 했다. 그 후 형제들마저 뿔뿔이 흩어지고 나자 그는 남의 집에서 일을 해주며 생계를 꾸려나갔고, 목수의 조수로 일하면서 목수 일을 배워 돈을 벌기도 했다.

사람들은 모두 그를 '톰'이라고 불렀다. 톰은 건강했고 어렸을 적부터 햇볕에 많이 그을려 있었다. 피부가 검은 데다 생긴 모습도 우락부락했지만 남이 어려움을 당하면 곧장 달려가서 서슴지 않고 도와주는, 인정 많고 의리가 강한 젊은이였다.

다만 한 가지 아쉬운 것은, 어려서부터 일을 해야 했기 때문에 글을 배울 기회가 없었다는 것이다. 그는 글이라고는 자기 주소와 이름만 겨우 쓸 정도였다. 글을 모르는 것이 비단 토머스만의 문제는 아니었다. 당시 개척민들 중에서 제대로 글을 배운 사람은 그리 많지 않았다. 교육 시설이 제대로 갖추어지지 않았기 때문이다. 그래서 부잣집 아이가 아니면 정규 교육을 받기가 어려웠다. 토머스 역시 그런 개척민 중의 하나였다.

토머스가 스무 살이 되었을 때, 그는 옛날처럼 농사를 짓고 싶다는 생각이 들어서 목수 일을 그만두었다. 그리고 밀크리크(Mill Creek)라는 곳에 가서 얼마쯤의 땅을 산 다음 농사를 짓기 시작했다. 그때 당시 개척민들의 생활이란 참으로 어렵고 힘든 것이었다. 부지런히 일만 해서는 아무것도 이룰 수 없었기 때문이다.

아무리 피땀 흘려 땅을 일구고 씨를 뿌려 놓아도 여름 동안 가뭄이 계속되어 비가 내리지 않으면 모든 것이 다 말라붙고 불타버렸다. 또 어떤 해에는 그와 반대로 홍수가 나서 논밭을 모조리 쓸어가 버리기도 했다. 또 어떤 때는 농사가 잘되어 '이만하면 됐구나' 하고서 안심하고 있노라면 어디선가 산짐승들이 몰려와서 하룻밤 사이에 농사를 다 망쳐버리는 일도 많았다. 이런 재난들은 개척민들에게 큰 타격을 주었다.

뿐만 아니라 인디언들과의 다툼도 계속되었기 때문에, 하루도 마음을 놓을 수 없었다. 자칫하면 목숨을 잃게 되므로 잠시도 긴장을 늦출 수 없었다. 이것이 개척민의 생활이었다. 그러다보니 토머스는 늦게까지 결혼도 하지 못한 채 그날그날의 일상에 쫓기고 있었다.

토머스가 농사를 짓고 살던 같은 마을에 스패로 씨 부부도 함께 살았는데, 그들에게는 자녀가 많았다. 토머스는 스패로 씨 부부와 친하게 지냈다. 그들 부부는 토머스의 됨됨이를 좋아했고, 그를 믿음직한 사람으로 여기며 무척 아꼈다.

그 집의 큰딸 낸시는 동생들과 나이 차이가 많이 났다. 낸시는 스패로 부인이 스패로 씨와 결혼하기 전, 곧 전 남편과이 사이에서 낳은 아이였기 때문이다. 그렇더라도 스패로 씨와의 사이에서 낳은 아이들이나 낸시나 차별 구별 없이 사이좋게 다들 잘 지냈다. 하지만 낸시의 얼굴 한구석엔 항상 슬픈 기운이 서려 있었다.

그래서 토머스는 그녀를 안쓰럽게 생각하고 가깝게 지내며 잘 돌보아주었고, 그러면서 자신의 쓸쓸함을 달래기도 했다. 낸시도 부지런한 토머스를 좋아했다.

토머스는 자기의 이야기에 푹 빠져든 채 아들에게 계속 이야기해 주었다. 한참 듣던 에이브는 갑자기 무슨 생각이 떠올랐는지, 입가에 큰 웃음을 띠며 말했다.

"그 낸시 아가씨가 바로 어머니죠?"

"허허, 너도 눈치가 꽤 빠르구나. 그렇단다. 그 낸시 아가씨가 바로 네 엄마야."

토머스는 대견하다는 듯이 어린 에이브의 머리를 쓰다듬었다. 에이브는 호기심 어린 눈으로 아버지에게 물었다.

"그럼 결혼은 언제 한 거예요?"

"우린 1809년 6월 12일에 결혼했어. 그때 나는 스물여덟 살이었고 네 엄마는 스물세 살이었지. 사귄 지 오랜 후에 결혼했단다."

토머스는 링컨에게 그 후의 이야기도 자세히 들려주었다.

링컨의 부모, 조부모의 이야기는 별로 대단한 것이 없었다. 너무 평범했다. 링컨의 부모가 부지런했기 때문에 훗날 생활이 약간 넉넉해지긴 했지만, 가난한 데다 배운 것 없는 노동자였다. 에이브러햄 링컨의 아버지는 겨우 자기 이름 정도만 쓸 줄 알았고, 어머니 낸시 역시 성경을 더듬더듬 읽을 정도였다.

그럼에도 불구하고 그는 부모님에게서 많은 것을 배우고 물려받았다. 많은 재산이나 수준 높은 교육만이 유산의 전부는 아니다. 추위나 굶주림 그리고 그 어떤 어려움이 오더라도 이겨낼 수 있는 정신력, 인디언과 사나운 짐승의 위험 속에서도 꿋꿋이 헤쳐 나갔던 개척자의 정신은 올곧은 그의 부모에게서 배웠다. 이러한 것은 그의 평생을 이끌어간 원동력이 되었다.

농사꾼의 아들

토머스 링컨은 낸시 행크스와 결혼한 후에도
한동안 농사일을 했다. 농사일은 쉽지 않았다. 자연의 위험과 짐승,
환경의 위협 가운데에서 생활은 나아지지 않고 겨우 유지하는 경우
가 많았다. 그러다보니 독한 술을 마시면서 괴로움을 잊으려는 남자
들이 많았다. 하지만 아무리 괴로워도 토머스는 술을 마시지 않았
다. 그런 토머스를 두고 비웃는 사람도 있었다.

"쳇, 저 녀석은 무슨 재미로 살지?"

"그러게. 속상하고 힘들 땐 술 한 잔으로 잊을 수도 있는데."

"그렇다고 생활이 나아지는 것도 아니잖아."

그래도 토머스는 묵묵히 일만 해나갔다.

그러다가 얼마 후, 그는 더 이상 아내를 고생시키지 않겠다며 밀크리크에 있는 땅을 모두 팔고는 엘리자베스 타운이라는, 보다 큰 곳으로 옮겨간 후 다시 목수 일을 시작했다.

낸시는 비록 공부를 많이 하지는 못했지만 이해력과 기억력이 뛰어났다. 게다가 마음씨가 곱고 믿음이 깊었다. 토머스는 그런 아내를 무척 사랑하고 아껴주었다. 그로부터 1년쯤 지나서 첫 아이가 태어났다. 딸이었는데 이름을 '세라'라고 지었다.

그즈음 토머스는 사람이 많은 번화한 곳에서 사는 일에 싫증을 느꼈다. 사람이 많고 번잡한 것이 그의 성격과 맞지 않은 데다 얼마 전에는 어떤 사람에게 속아 많은 돈을 잃기도 했기 때문이다. 그는 엘리자베스 타운이 자신의 가족이 살아가기에 적합하지 않다고 생각했다.

얼마 후 토머스는 곧 엘리자베스 타운으로부터 남쪽으로 약 30킬로미터쯤 떨어져 있는 호젠빌이라는 마을에서 그리 멀지 않은 넓은 벌판에 있는 땅을 얼마쯤 사서 그리로 옮겨갔다. 그는 거기서 다시 농사일을 시작하려 했다.

토머스는 호젠빌 벌판에다 방이 하나인 통나무집을 지었다. 이런 통나무집은 그때의 개척지 사람들이 흔히 짓던 집이었다. 통나무집은 대개가 사방으로 5미터쯤씩 되는 크기였고, 출입문과 창문은 각각 하나씩이었으며, 바닥은 판자를 깔지 않은 흙바닥이었다. 그리고 한편에 진흙을 이겨 벽난로를 만들어 집 안을 따뜻하게 했고, 그 곁으로 짐승의 털을 깐 침대를 놓고서 살았다. 토머스가 지은 집 역시 이런 통나무집이었다.

에이브러햄 링컨은 이 통나무집에서 태어났다. 1809년 2월 12일 새벽이었다. 어린 세라가 태어난 동생을 들여다보고는 좋아서 어쩔 줄 몰라했다. 하지만 누구보다도 기뻐한 사람은 아버지 토머스와 어머니 낸시였다.

토머스는 곧 무릎을 꿇고서 하나님께 감사기도를 드렸다.

"하나님은 저에게 가장 좋은 선물을 주셨습니다. 감사합니다!"

아들을 낳은 후 낸시가 토머스에게 물었다.

"여보, 우리 아기 이름을 뭐라고 부를까요?"

"음…."

토머스는 잠시 생각하더니 대답했다.

"아, '에이브러햄'이 어떻겠소? '에이브러햄 링컨', 이 애 할아버지의 이름이지."

"정말 좋아요."

낸시는 환하게 웃으면서 말을 이었다.

"에이브러햄(아브라함)은 내가 성경에 나오는 인물 가운데 가장 존경하는 신앙의 조상이에요."

"우리 아기는 장차 큰 사람이 될 거야. 이 얼굴 좀 봐, 얼마나 대장부다워!"

아기의 이름은 '에이브러햄 링컨'으로 지어졌고, 사람들은 그의 이름을 줄여서 '에이브'라고 불렀다.

토머스는 거기에서 아들을 얻었지만 농사일은 잘되지 않았다. 겉으로 보기에는 좋은 땅 같았는데 실상은 습기가 많고 땅도 몹시 척박해 도무지 곡식이 자라지 않았다. 게다가 근처에는 다른 사람의 집이 하나도 없었기 때문에 마치 아무도 없는 외딴 섬에 혼자 사는 것처럼 느껴져 무척 쓸쓸했다.

호젠빌의 통나무집에서 2년 정도 지내던 토머스는 더 이상 그곳에서 살 수 없다고 생각했다. 그러고는 호젠빌로부터 동북쪽으로 약 16킬로미터쯤 떨어진 노브크리크에 새로 땅을 마련해 이사했다. 1811년 봄, 에이브가 두 살 때였다.

그곳은 조그마한 강의 상류지역이었다. 토머스는 이곳에다가도 나무들을 잘라다 직접 통나무집을 만들었다. 호젠빌의 집과 똑같은 집이었다. 그는 집을 다 지은 후 그의 연장들은 바깥 처마에 나란히 걸어두었다.

"이곳은 호젠빌 들판보다 땅이 기름진 것 같아. 이만하면 농사는 괜찮겠어."

남편의 말에 낸시가 답했다.

"아무렴요. 하나님이 우리를 도우실 거예요. 그리고 무엇보다도 여긴 이웃 사람들이 많아서 좋아요."

짐작한 대로 정말 농사는 제법 잘되어 많은 수확을 얻었다.

그렇게 2년쯤 지나자 살림이 조금씩 넉넉해졌다. 다만 강의 상류이다보니 장마 때면 홍수가 나서 강이 넘치는 일도 있었다. 한번은 홍수가 났을 때 어린 에이브가 강물에 휩쓸려갈 뻔했다. 다행히 함께 놀던 한 소년이 에이브를 구해주었다.

그럼에도 불구하고 에이브는 무럭무럭 자라났다. 아버지를 도와

일을 하느라 바쁜 어머니 대신 누나인 세라가 그를 돌보아주었다. 세라는 어린 나이임에도 불구하고 에이브를 잘 챙기고 돌보아주어, 에이브는 아버지와 어머니보다도 오히려 세라를 더 잘 따랐다.

세라는 어린 에이브를 돌보는 일 외에도 낸시를 도와 소젖을 짜는 일, 풀을 베어 나르는 일, 밥을 짓고 빨래하는 일 등도 거들었다. 세라는 어머니를 닮아 부지런했다. 세라가 일을 할 때면 어린 에이브도 그 뒤를 졸졸 따라다니면서 도와주는 시늉을 하곤 했다. 세라는 그런 에이브의 모습을 귀엽다고 생각했다.

그 당시는 요즘처럼 어린이들을 위한 먹을 것이나 장난감 같은 게 없었기 때문에, 어린 에이브는 일하느라 바쁜 부모님과 누나 사이에서 외로움을 느꼈다. 그래서 그는 더욱 누나인 세라를 따랐다.

그러다 어느 날, 에이브는 이전에 보지 못했던 신기한 구경거리를 발견했다. 하루에도 몇 번씩 개척자들의 포장마차가 그의 통나무집 옆으로 지나가곤 했던 것이다.

"이랴, 이랴!"

마부가 채찍을 휘두를 때마다 말들은 딸랑거리는 방울소리를 크게 울리면서 흔들거리는 포장마차를 끌고 신나게 달렸다. 포장마차를 처음 본 에이브는 어머니에게 물었다.

"어머니, 저 사람들은 마차를 타고 어디로 가는 거예요?"

낸시는 친절하게 알려주었다.

"저 사람들은 넓은 들판이 있는 서쪽으로 땅으로 가는 거야."

"거기에는 왜 가는데요?"

"새로운 땅을 개척하기 위해서지."

"그럼 거기에는 아무도 살지 않나요?"

"그렇진 않아. 거기에는 인디언이라고 부르는 사람들이 살고 있 단다. 하지만 그들은 땅을 기름지게 가꾸어서 농사짓는 법을 몰라. 그래서 개척민들이 서쪽 땅으로 몰려가는 거야."

"저 사람들이 개척민인가요?"

"응."

"나도 저 마차를 타고 한번 가보고 싶어요."

"에이브, 우리가 서쪽으로 가지는 않았지만 우리도 여기까지 온 개척민이란다. 넌 개척민의 아들이고."

"아, 그렇구나."

그런 후로 집 옆을 지나가는 포장마차를 구경하는 것이 에이브의 일과가 되어버렸다. 포장마차 안에는 대개 사람들이 타고 있었지만 더러는 짐만 실은 것도 있었다. 어떤 마차는 짐을 산더미처럼 싣고 가기도 했다.

～

어린 에이브에게 가장 즐거운 시간은 저녁이었다. 온 가족이 집에 모이는 시간이기도 했고, 통나무집 옆에 있는 나무 그루터기에 앉아 서 어머니한테 성경 이야기를 듣는 시간이기도 했기 때문이다.

낸시는 비록 성경을 더듬더듬 읽기는 했지만 틈이 나는 대로 성경 을 읽었다. 그러고는 조용한 때에 세라와 에이브를 앉혀 놓고서 성 경 이야기를 들려주었다.

"어머니, 어제 들었던 이야기 다음에도 어서 들려주세요. 네?"

"어제 어디까지 이야기했지?"

"다윗이 숨어 있던 굴속으로 사울 왕이 들어갔다는 데까지요."

"그래 맞아, 거기까지 했었지."

낸시는 큰 숨을 들이쉰 후 아이들에게 성경 이야기를 들려주었다.

"사울 왕은 그 굴속에 자기가 죽이려고 하던 다윗이 숨어 있으리라고는 꿈에도 생각하지 못했어. 사울 왕은 겁 없이 성큼성큼 걸어서 굴속으로 들어갔지. 자기를 까닭 없이 죽이려던 원수가 자기 발로 걸어 들어왔으니, 다윗에게는 복수하기 좋은 기회였단다."

"그래서 어떻게 되었어요?"

"다윗이 사울을 해쳤나요?"

세라와 에이브는 궁금해 못 견디겠다는 듯이 낸시에게 이야기를 재촉했다. 낸시는 아이들을 돌아보며 다정한 얼굴로 이야기를 이었다.

"다윗은 사울을 해치지 않았어. 자기 허리에 칼을 차고 있었으면서도 말이다. 옆에 있던 부하들은 지금 가서 사울을 없애자고 계속해서 졸랐지. 바로 지금이 하나님이 주신 기회라면서 말이야. 그래도 다윗은 그렇게 하지 않았어. 그는 하나님이 세운 왕을 사람이 마음대로 해쳐서는 안 된다고 생각했단다."

"그럼 어떻게 했나요?"

"자, 이제부터가 정말 중요한 이야기니까 더 잘 들어야 해. 알겠지?"

"네. 그러니까 어서 계속해주세요."

"그래서 다윗은…."

성경 이야기는 늘 이런 식으로 이어졌다. 한 가지 이야기가 끝날 때면 그 안에 담긴 귀중한 뜻도 꼭 일러주었다. 다윗의 이야기를 다 들려주고 난 후에 낸시는 아이들에게 이렇게 말했다.

"다윗은 마음이 참 큰 사람이야. 자기를 죽이려는 원수도 해치지 않고 살려보냈잖니. 이런 일은 하나님을 믿는 사람이 아니면 절대로 할 수 없는 일이란다. 그래서 하나님은 그를 나중에 왕으로까지 삼았던 거야."

"다윗은 참 훌륭한 사람이에요. 나도 그런 사람이 될 거예요."

"물론 그래야지. 우리 세라와 에이브도 다윗 같은 사람이 될 거야."

낸시는 흐뭇한 표정을 지으면서 이야기를 마쳤다. 다윗의 이야기는 어린 에이브의 가슴에 깊이 새겨져 그의 삶에 큰 영향을 주었다. 그가 평생 동안 누구한테 절대로 복수한 일이 없었던 것만 보아도 넉넉히 알 수 있다.

에이브러햄 링컨은 이렇게 어려서부터 어머니에게서 성경 이야기를 들었다. 사무엘 이야기, 삼손 이야기 등 여러 이야기들은 다윗의 이야기처럼 그가 훌륭한 신앙인으로 성장하게 하는 밑거름이 되었다. 어머니 낸시는 성경 이야기 외에도 가끔 미국의 초대 대통령 조지 워싱턴 같은 위인이나 로빈슨 크루소 같은 모험 이야기도 들려주었다. 이야기가 끝나면 옛날 민요를 불러주기도 했다.

토머스와 낸시가 열심히 일했기 때문에 농장은 해마다 점점 넓어졌다. 그리고 얼마 후에는 집에서 돼지와 양과 말도 몇 마리씩 기르게 되었다. 그래서 더 바빠지고 일손도 부족했기 때문에 에이브도 어릴 때부터 집안일을 도와야 했다.

에이브는 다른 아이들보다 유별나게 키가 컸고, 몸이 가늘고 팔다리는 길었다. 그리고 얼굴도 위아래로 길었는데, 그 가운데 자리잡은 뚜렷한 두 눈동자는 참으로 사나이다운 모습을 나타내주었다.

'역시 농사꾼 아이는 저렇게 큼직하게 자라야 하는 법이지.'

토머스는 아들을 대견스러워 흐뭇하게 웃곤 했다. 통나무집에 살면서 억새풀 사이를 헤치며 뛰놀던 아이, 시냇가로 나가서 물장구를 치기도 하고 막대기로 활을 만들어 사냥놀이를 하던 아이, 농장으로 나가서 부지런히 아버지와 어머니의 일을 돕던 아이, 가축들을 몰고 들판을 쏘다니던 아이 에이브는 이처럼 넓고 거친 들판에서 강하고 억세게 자라났다.

미합중국의 탄생

에이브가 여섯 살 나던 해에
노브크리크에도 학교가 세워졌다. 이 지역 첫 번째 학교였다. 이 소식을 듣고 낸시는 매우 기뻐하며 남편에게 전했다.

"여기에도 이제 학교가 세워진다는군요. 얼마나 잘된 일이에요."

그러나 토머스의 반응은 시큰둥했다. 그는 공부가 중요하다고 생각하지 않았기 때문에 무뚝뚝하게 대답했다.

"학교가 세워지면 뭘해. 먹고 살기 바쁜데."

남편의 반응에 낸시는 곧바로 대꾸했다.

"그게 무슨 말이에요? 이제 우리 아이들도 학교에 보내야 해요. 공부를 시켜야 할 때라고요."

"그런 건 필요 없어. 공부는 사람을 게으름뱅이로만 만들 뿐이야. 나나 당신이나 여태까지 공부한 일이 없지만 이렇게 잘살고 있잖아.

난 우리 에이브를 나처럼 훌륭한 농사꾼으로 만들 거야."

이것은 평소 그가 가지고 있던 생각이기도 했다. 그는 늘 입버릇처럼 이렇게 말하곤 했다.

"자기 이름이나 쓰면 그만이지 공부는 또 뭐람. 공부가 농사에 도움이 되길 하나, 사냥에 도움이 되길 하나…."

그러나 낸시의 생각은 달랐다.

"우리가 둘 다 공부를 못했으니 자라나는 아이들이라도 공부를 시켜야 하지 않겠어요?"

"…."

"공부를 시켜야 농사꾼이 되어도 더 훌륭한 농사꾼이 될 거 아니에요!"

낸시는 남편을 설득해 결국 아이들을 학교에 다니도록 했다. 학교는 상당히 먼 곳에 있었는데, 학교 건물 역시 창문도 없는 통나무집으로 바닥은 맨 땅이었다. 그리고 학생도 고작 몇 명인 데다 대개가 헤어진 옷을 입고 맨발로 학교를 다녔다.

세라와 에이브도 책은커녕 아무것도 없이 맨손으로 학교에 가야 했지만 학교에 가는 것만으로도 기뻤다. 처음으로 학교에 가던 날은 감격스럽기까지 했다.

"새로 나온 두 학생, 이름과 나이를 말해 봐요."

선생님이 에이브와 세라에게 말했다.

"제 이름은 세라 링컨이에요. 나이는 여덟 살입니다."

"저는 에이브 링컨입니다. 여섯 살이고요."

선생님은 대답하는 말과 태도가 의젓하다며 대견해하면서 칭찬

했다.

"아주 씩씩하군요. 자, 그럼 오늘부터 우리 함께 열심히 공부해요."

맨 처음 배운 것은 A, B, C 등의 알파벳이었다. 학교 공부라고 해도 그때까지는 그저 읽고 쓰고 셈하는 정도였다. 이렇게 에이브의 학교 생활은 시작되었다.

그런데 그 근처 지역에 교사가 한 사람뿐이어서 날짜와 기간을 정해놓고 여러 학교를 돌아가면서 가르치고 있었기 때문에, 학교에 가는 기간이라고 해도 1년에 겨우 서너 달뿐이었다. 게다가 거리가 멀어서 추운 겨울이나 날씨가 궂은 날에는 학교에 갈 수 없었다. 비록 학교는 다닌다고 하지만 마음껏 공부를 하지 못했던 것이다.

그러나 에이브는 무척 성실하고 부지런하게 공부했다. 그런 환경임에도 불구하고 스스로 열심히 책을 읽었기 때문이다.

'누가 꼭 가르쳐주어야만 하나? 나 혼자라도 스스로 읽고 배울 거야.'

에이브는 학교에 있는 책은 물론이고, 눈에 띄기만 하면 빌려서라도 그 책을 반드시 읽곤 했다. 빌려서라도 책을 읽어야 마음이 편해졌다. 훗날 그의 새어머니의 말에 따르면, 그는 닥치는 대로 책을 읽었고, 자기 손에 넣을 수 있는 책은 모조리 얻어 읽었다고 한다. 그는 《성경》과 함께 《이솝 이야기》, 《천로역정》, 《합중국의 역사》, 《인디애나 주의 법령집》 등을 읽었다.

그러나 에이브는 책을 읽는 것으로만 시간을 보내지는 않았다. 집에서 지내는 시간이면 부모님을 도와 부지런히 일했다. 도끼질과 톱

질을 하며 아버지의 일을 도왔고, 어머니를 도와서 물을 길어놓고
일구어놓은 땅에 옥수수를 뿌리기도 했다. 에이브가 가장 많이 한
일은 도끼질이었다. 집에 양식이 떨어질 때면 남의 집에 가서 도끼
질을 해주고 품삯으로 양식을 받아오기도 했다.

부족한 교육과 많은 노동에도 불구하고, 노브크리크의 아름다운
대자연은 무엇보다도 에이브의 교육에 도움이 되었다. 에이브 역시
다른 가난한 아이들처럼 누더기 옷을 입고 맨발로 다니면서 살았지
만 아름다운 자연환경은 그의 마음에 아름다운 꿈과 높은 이상을 심
어주었다.

들판 변두리에는 큰 바위들이 병풍처럼 둘러 있었고, 그 사이사이
로는 푸른 나무와 울창한 숲들이 그림처럼 펼쳐져 있었다. 농장 기
슭으로 흐르는 맑고 시원한 시냇물은 언제 보아도 마음까지 깨끗하
게 해주었다.

또다른 에이브의 즐거움은, 가끔 지나가는 나그네가 자기 집에서
하룻밤씩 묵어가는 일이었다.

"죄송합니다만 오늘 저녁 하룻밤만 묵어가도 될까요? 갈 길은 먼
데 벌써 날이 저물었군요."

이처럼 묵기를 청하면 토머스와 낸시는 한 번도 그들을 거절하지
않고 오히려 반갑게 맞아들였다.

"아무렴요. 어서 들어와서 쉬어가십시오."

이런 손님들은 대개 저녁 식사를 한 후에 벽난로 곁에 앉아서 여
기저기에서 듣고 겪은 이야기들을 꽤 재미있게 들려주곤 했다.

"우리 미합중국이 이제는 개척 시대를 벗어나고 있어요. 어디를 가도 이제는 힘차게 건설하는 모습들이 보이거든요. 두고 보세요, 우리가 세계에서 가장 뛰어난 나라가 되고 성조기가 드높게 펄럭일 테니까요."

에이브는 지나가는 손님에게서 처음으로 '미합중국'과 '성조기'라는 말을 들었다.

'아, 우리나라를 미합중국이라고 하는구나. 성조기는 우리나라 국기이고 말이야. 난 우리나라가 이곳 켄터키뿐인 줄 알았는데 다른 넓은 곳들이 꽤 많은가봐.'

에이브는 하룻밤 묵어가는 손님들의 이야기를 들으면서, 세상이란 켄터키 주보다 크다는 것을 비로소 알 수 있었다. 그가 접할 수 있는 곳이라곤 이곳 노브크리크밖에 없었기 때문에, 어린 시절 그의 세계는 작을 수밖에 없었다.

~

미합중국(United States of America), 곧 미국은 오랫동안 영국의 식민지였다가 1776년 7월에 비로소 독립국이 되었다. 링컨이 태어나기 30여 년 전의 일이다.

영국 사람들이 1585년에 맨 처음 신대륙으로 건너왔는데, 콜럼버스가 신대륙을 발견하고 나서 꼭 90년의 세월이 지나고 난 다음의 일이었다. 맨 처음에 신대륙으로 건너온 것은 금이나 은 같은 귀금속을 캐서 돈을 벌려는 것이 목적에서였다. 그러나 신대륙은 거의가 원시림으로 빽빽하게 뒤덮여 있어서 그냥 되돌아갔다.

그 후 20년 남짓 지난 후 지금의 버지니아 땅에 한 무리의 영국 사람들이 도착했다. 새로운 삶의 터전을 찾기 위해 신대륙으로 온 것이다. 그들은 원시림을 깎아내고 땅을 일구어 개척하느라 얼마나 많은 노력과 고생을 했는지 모른다. 삶의 터전을 꾸리는 것만으로도 힘든데, 그 와중에 끊임없이 원주민인 인디언들의 습격을 받았고, 무서운 전염병과 풍토병에도 시달렸다. 그래도 그들은 그런 고통을 끝까지 참고 이겨냈다.

인디언들은 아시아의 몽골족에 속한 사람들이었는데, 일찍이 북미의 알래스카 지방을 통해 신대륙으로 건너가서 퍼져 살게 된 인종이다. 콜럼버스가 이 신대륙을 발견했을 때 인도 땅이라고 잘못 생각해서 '인디언'이라는 이름이 붙게 되었다. 인디언은 '인도 사람'이라는 뜻을 가진 말이다.

그 후 1620년에 커다란 돛단배 한 척이 지금의 매사추세츠 주 플리머스 해안에 도착했다. 100여 명이 신대륙에 내렸는데, 이 배는 청교도들을 태우고 온 메이플라워 호였다. 네덜란드에서 배를 타고 오긴 했지만 이들은 영국 사람이었다.

그들은 신앙의 자유를 부르짖으며, 하나님 앞에서는 누구나 다 평등하기 때문에 그 누구로부터도 억압을 받아서는 안 된다고 외쳤다. 그러면서 왕을 중심으로 엄격한 계급사회를 만들어 선량한 국민을 억압하던 영국 교회와 영국 교회의 귀족들에게 대항했다. 그러자 왕과 귀족들은 청교도들을 박해하기 시작했고, 청교도들은 그런 박해를 피해 네덜란드로 도망쳤다. 그러다가 이들은 새로운 삶의 터전을 찾아 신대륙으로 건너온 것이다.

이 청교도들은 강하고 굳은 신앙과 놀라운 개척 정신을 가지고 신대륙의 황무지를 기름진 땅으로 만들어갔다.

신대륙으로 건너온 청교도들은 차츰 자기들의 꿈을 이루어가기 시작했다. 많은 어려움이 있었지만 끝까지 굽히지 않고 기독교정신으로 꾸준히 노력했기 때문이다. 하나님 앞에서는 모두가 다 평등하기 때문에 공동의 문제는 모두가 함께 모여 의논했다. 그리고 직책이 필요하면 모두가 참가하는 선거를 통해 뽑고 그대로 실천해나갔다. 이것이 바로 모든 사람의 자유와 평등을 그 바탕으로 삼은 미국의 민주주의 정신이 되었다.

'신대륙은 낙원이 되어가고 있다.'

이런 소식을 전해들은 유럽 각국의 청교도들도 앞다투어 대서양을 횡단해 신대륙으로 건너갔다. 그러면서 비로소 보스턴을 중심으로 한 '뉴잉글랜드'라는 영국의 식민지가 생겼다.

그 후 1682년에 영국의 퀘이커 파 신자들이 신대륙으로 뉴욕 남서지방에 있는 황무지를 개척하기 시작했다. 퀘이커 교도들 역시 청교도들처럼 그 땅에 평화의 세계를 만들겠다는 이상을 가지고 열심히 개척해나갔다. 퀘이커파 신자들이 개척한 땅은 후에 펜실베이니아 주라는 이름이 붙었다. 이렇게 생겨나기 시작한 식민지들은 날이 갈수록 점점 더 늘어나서, 독립 당시엔 무려 13개 주에 이르렀다.

영국 정부는 처음엔 신대륙에 생겨난 여러 식민지들이 스스로 살아나가도록 해주었다. 그러다가 땅을 넓히면서 생산물이 넉넉해지자 식민지들은 본국의 보호 정책과 간섭이 싫어졌다. 여전히 본국

위주의 정책을 펴며 식민지를 정당하게 대우해주지 않았기 때문이다. 식민지의 움직임을 파악한 후에 영국에서는 신대륙에서 수입하는 생활품에다 턱없이 높은 세금을 붙이는 것으로 보복을 했다.

이런 상황이 얼마간 계속되다가 결국은 충돌이 일어났다. 부당한 대우에 화가 난 식민지 사람들은 1773년에 보스턴 항구에 들어온 영국 화물선을 습격해 배와 그 안에 가득 실린 물건에다 불을 질러버렸다. 그러자 영국 정부는 급히 해군 부대를 파견해 보스턴을 점령하고 식민지 사람들이 접근하지 못하도록 조치했다.

그 다음해인 1774년, 식민지 13개 주의 대표들은 필라델피아에 모여서 대륙회의를 열어 본국의 군대에 대항해 싸우기로 결정하고, 조지 워싱턴을 독립군의 사령관으로 임명했다. 이때가 7월이었다. 양편의 군대는 맞붙어 싸우기 시작했고, 전쟁을 시작한 지 2년이 지난 1776년 7월에 신대륙은 '미합중국'이라는 나라 이름을 만들고 영국에 대해 독립을 선언했다.

사실 정식으로 훈련을 받고 지원받는 영국 군대에 비해 독립군은 훈련도 부족했고 무기도 형편없었다. 그래서 영국은 자신들이 쉽게 이길 것이라고 생각했다. 그러나 강한 신념과 정의감으로 무장한 독립군은 1781년 10월에 영국 군대의 항복을 받아냈다. 마침내 신대륙에 '미합중국'이라는 새로운 나라가 시작된 것이다.

독립을 이룩한 미합중국, 곧 미국은 오래지 않아서 눈부시게 발전해나갔다. 일찍부터 개발되었던 북부에서는 철과 석탄이 많이 생산되어 공업이 발전하고, 남부에서는 농장이 많이 세워져 농산물을 영국으로 수출하기까지 했다.

이처럼 미국이 발전해가자 세계 각국에서 수많은 사람들이 모여들었다. 미국은 몰려오는 사람들을 받아들이고 그들과 함께 영토를 계속 넓히면서 여러 주를 새로 만들어나갔다. 켄터키도 그렇게 해 생겨난 주였다. 이렇듯 미국이 신대륙 사방으로 뻗어가고 있던 때에 켄터키 주의 한 벌판 통나무집에서 에이브러햄 링컨이 태어나고 자라났던 것이다.

어느 날 밤에 에이브가 자신의 집에 묵게 된 한 손님에게 물었다.

"우리 미국은 얼마나 넓나요?"

"글쎄, 굉장히 넓어서 얼마만큼이라고 말하기가 어렵구나."

"하늘만큼이나 넓어요?"

"앞으로 그만큼 넓어질지도 모르지. 지금도 계속 넓어지고 있으니까."

정말 그랬다. 그때만 해도 지금의 텍사스 주를 포함해 로키 산맥이 미치는 데까지는 물론 그 너머 서부지방의 대륙은 태반이 황무지로 남아 있었기 때문이다.

"우와, 정말 굉장하군요! 난 여태까지 우리 켄터키 주밖에 없는 줄 알았어요."

"그러니까 넌 지금까지 우물 안에서만 살았던 거야. 물은 우물 안에만 있지 않고 넓은 바다에서도 넘실거리고 있단다."

손님들이 들려주는 이야기로 에이브는 세상이 넓다는 것을 알아가기 시작했다.

인디애나 주로 이사하다

에이브는 자랄수록 여러 가지 일과로 바쁘게 보내야만 했다. 학교에 다니고 책을 읽는 시간 외에는 부모님을 도와 부지런히 집 안팎의 일들을 해야 했기 때문이다. 그 사이에 그의 손발은 거칠어져, 보통 소년의 부드러운 손이 아닌 일꾼의 손과 같았다.

그러던 어느 날 저녁, 아버지가 읍내를 다녀오면서 지칠 대로 지친 모습으로 집 안에 들어왔다. 그러면서 서글픈 목소리로 혼잣말을 했다.

"휴, 이게 어찌된 일인지 모르겠어. 어떻게 해야 할까…."

에이브는 아버지의 말을 듣고 걱정스러운 마음에 아버지에게 물었다.

"아버지, 무슨 일 있어요? 왜 그러세요?"

"그게 말이다, 이 땅이 우리 것이 아니라는구나."

"네? 그게 무슨 말씀이세요?"

"분명히 내가 토지 소유권을 가지고 있었고 세금도 꼬박꼬박 냈기 때문에 별 문제가 없을 거라고 생각했단다. 그런데….."

아버지의 표정이 매우 심각해서 그런지 어머니와 누나 낸시도 어느 새 에이브 옆으로 다가와 앉았다.

"여보, 그런데 뭐가 잘못되었나요?"

어머니가 재촉하자 아버지는 땅이 꺼질 듯이 한숨을 크게 쉬더니, 천천히 상황을 설명해주었다.

"오늘 갑작스레 읍내 관청에서 오라고 하더라고. 별일 아니겠지 싶었는데, 내가 남의 땅을 가로채서 고소를 당했다는 거야. 나야 글자를 모르니 정확한 내용은 모르겠다만 그렇게 말을 하더라고."

"하지만 아버지가 열심히 일한 돈으로 이 땅을 샀잖아요."

"그러게 말이다. 그런데 내가 땅을 살 때 일을 보던 사무소가 다른 곳으로 떠나자 어떤 녀석이 이 땅을 자기 것이라는 서류를 만들어버린 모양이야."

그 당시에는 그런 사건이 많았다. 개척이 한참이던 즈음에 정부로부터 토지를 산 후에도 아직 측량이 제대로 되지 않은 틈을 타고 사기꾼들이 농간을 부려 땅을 차지하곤 한 것이다. 토머스 링컨처럼 글자를 모르는 사람들이 제법 있었기 때문에, 그런 사람을 상대로 서류 한 장으로 땅을 빼앗는 일은 손쉬웠다.

"그동안 집도 정들고 농장도 정들었는데…. 그렇지만 이제는 켄터키에 더 살고 싶지 않아. 그까짓 것, 넓은 대륙 어디에든 가면 살데 없을라고."

아버지는 무기력하게 땅을 포기하려는 것 같았다.

"아버지, 가만히 앉아서 우리 땅을 빼앗길 건가요?"

에이브가 큰 소리로 물었다. 그동안 손이 거칠어지도록, 학교와 책 읽기도 포기하고 열심히 일했는데 그런 땅을 빼앗기다니, 정말 억울했다.

"그럴 수는 없지."

"변호사는 찾아가 보셨어요?"

"응. 분명히 내가 산 땅이기 때문에 재판을 걸면 내가 이길 수 있 다더구나."

"그럼 재판을 걸면 되잖아요."

"하지만 난 그런 일로 재판까지 하고 싶진 않아. 일단 읍사무소에 가서 내가 산 땅이 맞다고 잘 설명해보마. 아마 잘 될거야. 이웃들도 모두 내가 그 땅을 산 것을 알고 있잖니."

아버지의 말과 달리 표정은 그리 밝지 않았다. 그 후로도 몇 번이 나 토머스는 읍사무소에 가서 일의 전후 사건과 사실을 설명했다. 그래도 상대의 모략은 그치지 않았다. 마침내 결국 그는 노브크리크 를 떠나기로 결심했다.

그동안 정들었던 집과 농장을 버리고 떠나는 것은 쉽지 않은 일이 었다. 그렇지만 토지 문제로 뜻하지 않았던 시비에 말려들자, 토머 스는 노브크리크가 싫어지기까지 했다. 그의 말대로 대륙은 한없이 넓었다. 그는 얼마 되지 않는 토지를 가지고 거기에 매달려 죽는 시 늉을 할 필요는 없다고 생각했다.

"걱정하지 마라. 돌아오는 길에 누구한테 들었는데, 인디애나 주에서는 지금도 누구든지 정부로부터 땅을 직접 살 수 있다는구나. 땅값도 싼 데다 말썽도 없다더라고."

"네, 아버지."

"자, 어서 떠나자. 하나님은 우리에게 또다시 새 땅을 주실 거야."

토머스는 마차에다 짐을 실으며 그렇게 말했지만 얼굴에 드러나는 슬픈 빛을 감출 수가 없었다.

'세상에 이처럼 마음이 고약한 사람들이 있다니….'

이윽고 아버지는 가족을 데리고 5년 동안 살았던 정든 통나무집을 떠났다.

1816년 12월, 에이브가 일곱 살 나던 해의 일이었다. 두 필의 말이 끄는 마차에는 침구와 취사도구들, 나무상자 안에 든 목수의 도구 그리고 함께 담겨 있는 사냥총 한 자루가 실려 있었는데, 그것이 그들의 전 재산이었다. 그 밖의 살림이나 가축들은 모두 팔아서 미리 돈으로 만들어두었다.

그들은 짐과 함께 마차를 타고서 터덜터덜 길을 달렸다. 벌판은 가도 가도 끝이 없었다. 때로는 말도 지나가기 어려울 만큼 꽉 들어찬 나무와 숲이 그들의 앞을 가로막았다. 가다가 날이 저물면 억새풀 사이에 침구를 펴고 초롱초롱한 밤하늘의 별들을 바라보면서 하룻밤씩 지냈다.

"인생은 나그네 같다더니 정말 그렇군."

"아무렴요. 성경에도 기록되어 있잖아요. '너희는 다 나그네들'이라고 말이에요."

억새풀 사이에다 잠자리를 마련하면서도 토머스와 낸시는 긍정적인 마음을 가지고 성경 이야기를 나누곤 했다.

~

오랜 여행 끝에 그들이 도착한 곳은 인디애나 주의 오하이오 강 상류에 있는 스펜서라는 곳으로, 젠트리빌에서 약 3킬로미터쯤 떨어진 곳에 위치해 있었다.

토머스는 도착하자마자 우선 서둘러 오두막집을 지었다. 곧 겨울 추위가 닥쳐올 것이기 때문이었다. 오두막을 지을 때 에이브는 도끼를 들고 그 부근의 숲으로 들어가 부지런히 나무들을 잘라다가 날랐다. 비록 어리기는 했지만 솜씨가 능숙했다.

여기에 와서도 에이브는 도끼질로 양식을 벌어들이곤 했다. 그러나 무엇보다도 이 도끼 솜씨가 큰 도움이 되었던 것은 훗날 그가 대통령 선거에 출마했을 때였다. 그는 연설장마다 수많은 사람들 앞에서 두 주먹을 불끈 쥐어 올리면서 소리쳤다.

"여러분, 나는 이 두 손으로 도끼질만 하면서 자랐습니다. 나는 농사꾼의 아들이요, 우리 미합중국의 아들입니다!"

그의 선전원들도 열을 올렸다.

"링컨은 도끼 소년으로 자랐습니다. 그러기에 그는 도끼로 나무를 찍어 새 집을 짓듯 우리 합중국을 새로 일으킬 것입니다. 에이브러햄 링컨이야말로 우리 모두의 개척자요, 대통령감입니다."

이런 선전은 투표권을 가진 선거인단들을 감화시키는 데 큰 성과

를 거두었다.

겨울이 되었다. 링컨 가족은 먹을 양식이 모자라 걱정이었다. 토
머스는 날마다 숲 속으로 들어가 새와 작은 짐승들을 사냥하기 시작
했다. 전에도 사냥은 많이 했지만 이처럼 양식을 삼기 위해 사냥한
일은 별로 없었다. 숲 속에 들어가면 너구리와 곰, 살쾡이와 노루, 산
비둘기와 꿩 따위가 많았다. 그런 것들이 다 좋은 사냥감이 되었다.

그러던 어느 날, 에이브는 자기도 사냥하는 데 따라가겠다면서 나
섰다.

"아버지, 오늘은 저도 사냥에 따라가고 싶어요."

"그래, 같이 가자꾸나. 이제 너도 사냥을 배워야 할 테니까."

에이브는 아버지의 허락을 얻어 사냥하는 곳에 함께 가보았다. 막
숲에 도착했을 때, 얼마 떨어지지 않은 곳에서 굉장히 큰 어미 칠면
조가 새끼들을 몰고 죽을힘을 다해 도망치기 시작했다.

"옳지."

토머스는 재빨리 총을 겨누더니 곧 방아쇠를 잡아당겼다.

탕!

총소리와 함께 어미 칠면조는 곧 옆으로 픽 쓰러졌다. 그러자 새
끼 칠면조들은 어쩔 줄 몰라 '끼욱끼욱' 울면서 마치 바람에 낙엽이
흩어지듯 도망쳤다. 그런데 그 모습이 얼마나 가여웠던지, 에이브는
그만 그 자리에 주저앉고 말았다.

'오늘 괜히 따라왔어. 사냥이란 얼마나 비참한 일인가. 어미를 잃
은 저 새끼들은 이제 어떻게 될까!'

아버지 토머스는 에이브의 마음은 아랑곳하지 않고 몹시 기뻐하면서 쓰러진 어미 칠면조를 주워 들고 왔다. 그런 끔찍한 일을 보고 난 후 에이브는 절대로 총의 방아쇠를 당기지 않았다. 아니, 총을 잡아본 일조차 없었다. 그때의 충격이 그만큼 컸기 때문이었다.

'나는 앞으로 절대 총을 들지 않을 거야. 무엇이든 죽이는 일은 평화의 적이야.'

에이브는 그때 굳은 결심을 했다. 그는 스무 살 때 인디언들과의 전투에 의용군 대위로 나가 싸웠지만 총은 한 번도 쏘아본 일이 없었다. 또한 남북전쟁 때에도 육해군의 총사령관이었지만 그는 잠시도 몸에 총을 지닌 적이 없었다.

에이브가 후에 각별히 평화를 사랑하면서 평화를 위해 일했던 것도 다 그런 조그마한 일에서 시작되었다. 그에게는 누군가를 짓밟거나 죽이면서 평화가 이루어지기를 바란다는 것은 애초부터 상상할 수도 없는 일이었다.

그는 후에도 곧잘 이런 말을 사람들에게 들려주었다.

"남을 진정으로 사랑한다면 절대로 그를 죽일 수 없는 것이다."

이윽고 이듬해 봄이 되었다. 날씨가 따뜻해지면서 눈이 녹아내리자 링컨의 가족은 몹시 바빠졌다. 눈이 어지간히 녹고 땅이 드러나자 아버지는 부지런히 숲속의 나무들을 쳐내고 흙을 일구어 농장을 만들어갔다.

"사람은 부지런히 일만 하면 된단다. 그 대가는 하나님께서 알아서 주시는 거니까."

"맞아요. '심는 대로 거둔다'는 말씀도 있잖아요."

토머스와 낸시는 얼굴에 구슬땀을 흘리면서 이야기를 주고받 았다.

농장이 어느 정도 만들어지자 낸시와 세라는 거기에 옥수수와 밀 씨앗을 심었다. 한편에서는 토머스와 에이브가 농장을 만들어가고, 다른 한편에서는 낸시와 세라가 씨앗을 심은 것이다.

여름이 되자 그동안 애써 만들어왔던 통나무집이 완성되었다. 그 어느 것보다도 튼튼한 집이었다. 모양은 전에 것과 비슷했지만 조금 더 넓고 컸다. 또 그 곁에 축사도 지어 돼지와 닭을 치기도 했다.

에이브의 생활은 늘 바쁘고 고달팠다. 그래도 개척지 밖에서 살아 본 일이 없었기 때문에 아무리 힘들어도 조금도 고생으로 여기지 않 았다. 어린 시절의 이런 생활이 훗날 어떤 어려운 일들도 헤쳐나갈 수 있는 강한 개척 정신을 심어주었다.

그 무렵 미국에서는 역사 이래 가장 큰 이동이 계속되었다. 신대 륙이 살기 좋다는 말을 듣고는 유럽 각지의 사람들이 보다 나은 삶 을 꿈꾸면서 무리지어 서부로 줄지어 이동했다. 남자, 여자, 노인, 어린아이 할 것 없이 몇 천, 몇 만인지도 모를 많은 사람들이 서부로 서부로 꾸역꾸역 몰려가기만 했다.

농장에서 곡식들을 거두고 또 가축들이 불어나자 에이브의 집도 점점 자리를 잡아갔다. 에이브는 세라와 함께 틈만 나면 나무 열매 를 주우러 다녔다. 겨울이면 좋은 양식이 되었기 때문이다. 또 시냇 가로 나가서 물고기들을 곧잘 잡아오기도 했다. 물고기가 많았기 때 문에 맨손으로도 잡을 수가 있었다. 벌집을 발견해 꿀을 따오기도

했다. 연기를 피우면 벌들이 모두 도망치기 때문에 손쉽게 꿀을 딸
수 있었다.

"부지런히 일하는 사람은 굶어죽는 법이 없어. 그래서 사람은 누
구나 부지런해야 되는 거야."

아버지 토머스가 입버릇처럼 말했다.

얼마 후부터는 스펜서에도 순회하는 선생님이 와서 임시 학교가
열렸다. 어머니는 당장 에이브와 세라를 학교에 보냈다. 학교까지는
6킬로미터가 훨씬 넘었지만 에이브와 세라는 열심히 다니면서 공부
를 계속했다.

얼마 후에는 켄터키 주에서 토머스 스패로와 그의 아내인 엘리자
베스가 아들인 행크스를 데리고서 에이브 집 곁으로 이사왔다. 토머
스 스패로는 에이브의 외삼촌이었고 행크스는 외사촌 형이었다. 행
크스는 활발한 소년이었기 때문에 곧 에이브의 좋은 친구가 되었다.

"이제는 우리도 큰 가족을 이루게 되었으니 참 잘된 일이야."

스패로의 가족은 우선 에이브의 집에 함께 거처하면서 먼저 집부
터 지었고, 다음엔 농장을 만들어가기 시작했다. 얼마 후에는 스패
로 씨 가족도 안정된 생활을 꾸려가게 되었다.

어머니 낸시의 죽음

어느 정도 생활 터전이 잡히면서
행복한 시절이 계속될 것 같았다. 그런데 뜻밖에 큰 불행이 링컨의
집에 들이닥쳤다. '우유병'이라는 고약한 전염병이 퍼져 그만 어머
니 낸시를 잃은 것이다.

1818년 여름, 인디애나 주 일대에는 우유병이 퍼져서 수많은 개척
민들이 목숨을 잃었다. 훗날에야 이 전염병의 원인이 밝혀졌는데,
독풀을 먹은 소의 젖을 먹으면 걸리는 병이었다. 그러나 그 당시에
는 그것이 무슨 병인지 아무도 몰랐던 것이다. 이 병에 걸린 사람은
혀에 흰 딱지가 덮이고 힘이 쭉 빠지면서 손발이 차가워지다가 차차
맥박이 느려지면서 죽어갔다.

그해 늦여름, 스패로 부부가 먼저 이 병에 걸렸다. 그들은 힘겹게
앓다가 약 한 번 써보지 못하고 속절없이 죽어갔다. 그의 아들 행크

스가 정신없이 돌아다니면서 약을 구해보려 했지만 약도 없고 치료 방법도 몰라 결국 부모님을 떠나보내고 말았다.

스패로 부부의 장례를 치른 지 얼마 되지 않아 이번에는 어머니 낸시가 자리에 누웠다. 입안이 하얗게 변한 것으로 보아 우유병이 틀림없었다. 에이브와 세라는 물론 아버지 토머스는 하늘이 무너져 내린 듯했다.

"어머니, 이대로 돌아가시면 안 돼요."

"꼭 나으셔야 해요. 어머니가 죽으면 우린 못 살아요."

두 남매에게 있어서 낸시는 어머니이자 동시에 그 이상의 존재였다. 에이브와 세라는 다 죽어가는 어머니를 붙들고 울부짖으며 매달렸지만 어쩔 도리가 없었다.

며칠 후 어머니 낸시는 한마디 유언도 남기지 못한 채 끝내 숨을 거두고 말았다. 1818년 10월, 아직 한창인 서른네 살에 낸시 링컨은 그렇게 세상을 떠났다.

"우린 어떻게 살라고 혼자 가셨어요."

"어머니, 우리도 함께 데려가주세요."

에이브와 세라는 몸부림치면서 울부짖었다.

"으흐흑, 하늘도 무심하지. 어찌 아내를 내게서 **빼앗아간단** 말인가!"

토머스도 통곡하면서 땅을 쳤다. 그러나 그들이 낸시를 위해 할 수 있는 일은 아무것도 없었다.

"에이브, 목사님이 없으니까 네가 대신 성경을 펴들고 읽으려무나."

에이브는 아버지가 일러준 대로 성경을 펴들고서 읽었다.

"나를 믿는 자는 죽어도 살겠고 무릇 살아서 나를 믿는 자는 영원히 죽지 아니하리라."

에이브는 성경을 읽으면서 그 말씀이 무슨 뜻인지 생각할 수가 없었다. 눈물이 앞을 가려 글자도 잘 보이지가 않았다. 토머스는 행크스와 함께 관을 만들어 죽은 아내를 땅에 묻었다. 낸시는 얼마 전에 세상을 떠난 스패로 부부 옆에 묻혔다.

사랑하는 사람을 잃는 것은 세상을 잃어버린 것보다 더 큰 슬픔이다. 개척지에서, 게다가 아직 나이도 어린 에이브가 어머니를 잃었을 때의 그 슬픔은 이루 말할 수 없었다. 어머니가 없는 집은 너무나 허전하고 쓸쓸했다. 아버지 토머스는 하루종일 말을 하지 않고 지낼 때가 많았고, 에이브와 세라도 어머니의 무덤 쪽을 넋을 놓고 바라보면서 눈물을 흘리기 일쑤였다. 가족 모두 어머니 낸시의 빈자리를 마음 아파하며 하루하루 보냈다.

세라는 열한 살의 어린 나이였지만 어머니를 대신해서 밥을 짓고 빨래를 하는 등, 집안일을 도맡아 하지 않으면 안 되었다.

낸시가 죽은 이듬해 겨울, 토머스는 한 가지 결심을 했다.

'아내가 없으니 불편한 게 한두 가지가 아니구나. 아이들 꼴도 말이 아니고.'

이렇게 생각한 토머스는 아내를 구하기 위해 고향을 찾아갔다. 고향으로 간 토머스는 마침 사라 부시 존스턴이라는, 세 아이를 데리고 사는 젊은 과부를 만났다. 토머스 링컨이 예전부터 잘 알던 사람이었다. 낸시와 결혼하기 전에 토머스가 먼저 사라에게 청혼했다가 거절당한 일이 있었는데, 하나님의 섭리로 한 사람은 과부가 되고 한 사람은 홀아비가 되어 다시 만나게 되었던 것이다.

토머스가 먼저 말을 꺼냈다.

"지금 형편으로 아내 없이는 살아가기가 어렵습니다. 어머니가 없으니 아이들도 말이 아니고요."

그러자 사라도 곧 대꾸했다.

"저도 마찬가지예요. 여자 혼자 남편 없이 산다는 건 쉽지 않은 일이더군요."

이렇게 해 두 사람은 별 어려움 없이 결혼하기로 약속했다.

"그럼 됐습니다. 하나님께서 우리 두 사람을 축복해주실 거예요."

"정말 기뻐요. 새로운 마음으로 다시 세상을 살아갈 거예요."

토머스는 곧 존스턴 부인의 살림을 모두 마차에 실은 후, 세 아이와 부인을 데리고 인디애나 집으로 돌아왔다.

"자 에이브, 세라, 새어머니를 모시고 왔어. 너희도 다시 어머니가 생긴 거야."

사라는 마차에서 내리자마자 달려나온 에이브와 세라를 양 팔로 꼭 껴안고 입을 맞추어 주었다.

새어머니는 열두 살 된 엘리자베스, 여덟 살 된 마틸다 그리고 이제 다섯 살 난 사내아이인 존과 함께 링컨의 집으로 들어왔다. 링컨의 집은 하루아침에 대가족이 되었다. 어머니, 아버지, 그리고 다섯 아이. 쓸쓸하고 적막하던 통나무집은 활기에 넘치게 되었다.

새어머니가 값진 물건들을 가져왔기 때문에 에이브의 집은 갑자기 부자가 된 듯했다. 게다가 새어머니는 몹시 부지런해서 집안은 곧 다른 모습으로 바뀌었다. 집은 윤이 났고, 뜰의 화초들은 잘 가꾸어져 온기가 넘쳤다.

무엇보다 새어머니는 어린 에이브와 세라를 각별하게 사랑하면서 따뜻하게 보살펴주었다. 자기가 낳은 아이들보다 더 마음을 기울여 아껴주었다. 에이브와 세라의 옷은 언제나 깨끗하게 만들어 입혀주었고, 공부도 도와주었다. 그 덕분에 에이브는 전보다 더 열심히 공부하게 되었다.

그리고 주일날이면 꼭 아이들을 데리고 교회에 가면서 하나님을 잘 섬기도록 이끌어주었다.

"사람이 살아가면서 하나님을 섬기는 것보다 더 귀한 일은 없단다. 또 그래야만 커서도 훌륭한 일을 할 수 있는 거야."

새어머니는 늘 에이브에게 이렇게 말해주었다. 그가 일생 하나님을 잘 섬기고 큰일들을 이룰 수 있었던 데에는 새어머니의 영향이 참으로 컸다.

훗날 대통령이 된 링컨은 어머니에 대해 다음과 같이 말했다.

"내가 이처럼 성실한 마음으로 노력해 성공한 것은 모두가 천사보다 더 아름답고 지혜가 많았던 내 어머니 덕분입니다."

이때 한 사람이 물었다.

"천사같은 어머니라니 어떤 어머니입니까? 낸시 링컨 부인입니까, 사라 링컨 부인입니까?"

그러자 대통령은 도리어 말도 안 된다는 듯이 묻는 사람을 향해 대답했다.

"어머니이면 어머니지, 어디에 어떤 어머니가 따로 있단 말입니까?"

에이브의 마음속에는 평생 동안 두 어머니가 똑같이 천사 같았다. 아홉 살 때 잃었던 친어머니의 사랑도 컸고, 열 살 때에 맞았던 새어머니도 그가 죽는 날까지 변함없이 사랑하고 보살펴주었기 때문이다.

새어머니의 지극한 사랑으로 에이브는 친어머니를 잃은 슬픔을 극복할 수 있었다. 새 힘을 얻은 에이브는 더욱 열심히 일하고 더욱 즐겁게 공부했다.

에이브는 새어머니를 맞고 나서 또 하나의 큰 즐거움이 생겼다. 새어머니가 아버지와 함께 올 때 책도 몇 권 가져왔기 때문이다.

"우와, 책이다. 아직 한 번도 보지 못했던 거야!"

에이브는 짐 속에서 책들이 나오자 뛸 듯이 기뻐했다. 그는 틈만 나면 아무데나 걸터앉아 큰소리로 책을 읽었다. 책을 큰소리로 읽는 것은 거의 습관이 되었다. 예전에 학교에서 선생님이 '책은 언제나 큰소리로 읽어야 한다'고 늘 일러주었기 때문이었다. 그러한 그의 버릇은 어른이 되어서도 계속되었다.

어떤 때는 책 읽기에 정신이 팔려 밤이 깊어가는 줄도 몰랐다. 벽난로의 불빛만이 그가 책을 읽을 수 있도록 비추며 곁을 지켜주었다. 사람들은 어느새 에이브를 '책벌레' 혹은 '책광' 이라고 불렀다. 책에 미친 사람이라는 뜻이다.

그는 기억력도 매우 뛰어나, 책을 읽으면서 꼭 필요한 구절이나 좋은 구절이 있으면 그 자리에서 그대로 머릿속에 담아둘 정도였다. 또 예배 때 들었던 목사님의 설교를 모두 기억해두었다가 다음날 사람들 앞에서 그대로 흉내 냈는데, 그것이 얼마나 정확했는지 사람들을 모두 놀라게 만들었다.

"사람들은 누구나 예수님처럼 살아야 합니다. 그렇게 될 때에 이 세상은 사랑과 정의가 바다처럼 넘치며, 모두가 평화롭게 살 수가 있는 것입니다. 에헴-."

"어쩌면 저렇게 흉내를 잘 낼 수가 있지? 목사님과 똑같잖아."

어머니도 에이브의 설교 흉내를 들을 때면 배를 움켜잡고 웃으면서 그렇게 말하곤 했다. 목사님의 설교 흉내만이 아니었다. 일하다가 쉬는 시간이면 그는 곧잘 마을 사람들 앞에서 몸짓을 섞어가며 연설을 했고, 그럴 때면 사람들은 너털웃음을 터뜨리며 박수를 쳤다.

"잘한다, 잘해."

"정말 잘하는군."

"에이브는 분명히 큰 인물이 될 거야."

에이브는 이때부터 훌륭한 연설로 사람들의 마음을 사로잡을 정치가가 될 소질을 보였다.

세월이 지나자 서부로 몰려가다가 인디애나 주에 그대로 눌러앉은 사람들도 하나둘씩 늘어나, 링컨의 집 근처에도 여러 채의 통나무집이 세워졌다. 그런 때면 에이브는 그들이 집 짓는 것을 도와주고 품삯을 받아오기도 했다.

"애, 넌 에이브라고 했지?"

"네."

"일솜씨가 보통이 아닌걸."

"뭘요. 하지만 이런 통나무집을 짓는 일은 자신 있어요."

"그래?"

"대여섯 살 적부터 이런 통나무집을 짓는 일을 배웠으니까요."

"뭐라고? 그렇게 어릴 때부터?"

"그럼요. 지금 살고 있는 우리 통나무집은 벌써 우리가 몇 번째로 지은 집인지 모르겠어요."

"오호, 그렇구나. 그래서 네가 일을 이렇게 잘하는구나."

그는 어려서부터 아버지 토머스 곁에서 집짓는 일을 도왔기 때문에 이젠 혼자서도 지을 수 있을 정도로 목수 일에는 자신이 있었다.

에이브는 일솜씨도 뛰어났지만 사람들 앞에서 구수한 이야기와 몸짓으로 웃기는 재간도 뛰어났기 때문에 인기가 많았다. 그래서 종종 아버지에게 충고를 듣기도 했다.

"사내 녀석이 입만 헤프면 못쓰는 법이야. 사람들을 웃기고 말이 많으면 실없는 사람처럼 보이거든."

이런 때면 에이브는 이렇게 대꾸했다.

"염려하지 마세요. 괜히 실없는 말만 지껄이는 게 아니니까요."

정말 그랬다. 그는 남을 웃기면서도 그런 말과 태도 속에 재치와 기지가 담겨 있었다.

그때까지만 해도 아직 인디애나 주에는 공립학교가 없었다. 스펜서에 와서 6킬로미터가 넘는 길을 걸어서 다니던 학교도 한 선생님이 임시로 세운 사립학교였다. 그래서 에이브는 공부를 늘 흡족히 할 수 없었다.

그런데 그 학교마저도 오래지 않아 문을 닫아버리고 말았다. 학교를 세운 선생님이 별 이득이없자 어디론가 떠나버렸기 때문이었다. 당시 그런 학교는 한 군데서 오래 운영되는 일이 없었다. 아이들의 숫자가 줄거나 수업료를 잘 내지 않으면 더 좋은 장소를 찾아서 철새처럼 옮기는 일이 흔했다.

그래서 에이브가 나갔던 학교도 몇 주일 지나지 않아 그만 문을 닫고 말았다. 그래서 학교를 잃은 에이브는 할 수 없이 집안일을 하며 혼자 공부해야만 했다. 그러다가 약 2년쯤 지나서 또 한 차례의 순회학교가 열리게 되었다. 이번에 온 선생님은 크로포드라는 사람이었다.

"이제 학교는 그만두어라. 그까짓 공부는 해서 무얼 하니."

토머스는 이번에도 에이브가 학교에 가는 일을 반대했다. 그러자 새어머니는 낸시보다 더 강하게 학교에서 공부해야 한다고 주장했다.

"에이브는 보통 아이가 아니에요. 하지만 아무리 머리가 뛰어난 아이라도 가르치지 않으면 묵혀두는 땅과 조금도 다를 것이 없어요."

사라는 남편에게 간곡하게 부탁하며 설득했다. 다행히 토머스가 아내의 말을 들어주었다. 에이브는 다시 공부할 수 있게 된 것이 무엇보다도 기뻤다.

'아버지는 날더러 농사꾼만 되라고 말씀하시지만 공부를 하지 않고서 어떻게 훌륭한 일을 할 수 있겠어. 난 끝까지 공부하고 말 테야!'

에이브는 마음을 단단히 먹고 굳은 다짐과 함께 다시 학교를 다니기 시작했다.

성경에서 배운 꿈

에이브는 모처럼 학교에 다닐 수 있었지만
그런 즐거운 생활은 또 오래가지 못했다. 크로포드 선생님이 집안
사정 때문에 학교 문을 닫고 고향으로 떠나버렸기 때문이었다. 그
후로 스웨네라는 선생님이 와서 잠시 머물렀으나 그도 역시 며칠 지
나지 않아서 어디론가 가버렸다.

그때까지 에이브가 학교에 다닌 기간을 계산해보면 고작 18개월
에 지나지 않았다. 그리고 그동안 학교에서 배운 것이라야 고작 글
자를 익히고 간단한 셈을 할 수 있는 정도였다. 그가 나중에 대통령
이 될 만큼 많은 지식을 쌓았던 것은 혼자서 열심히 갈고 닦았던 노
력의 결과였다.

더 이상 학교를 다닐 수 없게 된 에이브는 무척 마음이 아팠지만
어쩔 도리가 없었다. 그는 혼자서 틈틈이 집에서 공부하기로 하고

예전처럼 아버지를 돕는 일에 전력했다.

몇 년이 지나자 에이브가 살던 곳도 상당히 큰 마을이 되었다. 그곳에 집을 짓고 정착하는 사람들이 점점 늘었기 때문이다. 에이브는 어렸지만 성실하게 일을 잘했기 때문에 사람들은 그에게 일을 도와 달라고 부탁했다.

"에이브야, 우리 집에 와서 일 좀 해주렴."

"삯만 두둑하게 주세요. 얼마든지 도와드릴게요."

에이브는 누가 청하기만 하면 가서 닥치는 대로 일을 해주었다. 도끼로 나무를 잘라주거나 장작을 패거나 괭이로 땅을 파주는 일이 대부분이었고, 새로 이주해오는 사람의 통나무집을 짓는 일도 계속했다. 또 어떤 때는 우물을 새로 파는 일을 거들기도 했다. 그렇게 부지런히 일을 해주면 보통 하루 품값으로 60센트쯤 받을 수 있었다.

1824년, 곧 에이브가 열다섯 살 나던 해의 봄, 이 마을에도 큰 가게 하나가 생겼다. 제법 돈이 많은 제임스 젠트리라는 사람이 이 마을로 이사를 와서 중심지에다 큰 가게를 차리고 식량이나 옷가지, 석유와 농기구 등 일상생활에 필요한 물건들을 팔았던 것이다. 이 마을은 그때부터 젠트리의 가게를 중심으로 번창해갔기 때문에 얼마 후에는 이곳을 '젠트리빌'이라고까지 부르게 되었다.

그러던 어느 날의 일이었다. 뜻밖에 젠트리가 토머스를 찾아와서 말했다.

"댁의 아들이 에이브지요?"

"맞습니다. 그런데요?"

"바로 찾아왔군요. 다름이 아니라 당신의 아들 에이브를 제 가게의 점원으로 쓰고 싶은데요."

"우리 아이가 가게 일을 봐줬으면 좋겠다고요?"

"네. 마을 사람들에게 점원을 한 사람 쓰고 싶다고 했더니 한결같이 에이브를 소개하더군요. 허락해주십시오."

어디선가 에이브는 이 말을 듣고 뛰쳐나오면서 말했다.

"제가 에이브입니다. 꼭 그 일을 하고 싶어요."

"허허, 아들이 먼저 서두르는군요. 어떻게 하시겠습니까?"

토머스도 허락해주었다.

"그렇게 해주십시오. 아마 잘만 가르치면 일을 썩 잘할 겁니다."

토머스는, 아무래도 점원이면 다른 일보다 쉽고 보수도 많을 것이라고 생각했던 것이다. 그날부터 에이브는 젠트리의 가게 점원이 되어 일하기 시작했다. 무엇보다도 에이브는 손님이 없을 때면 마음대로 책을 읽을 수 있어서 좋았다.

에이브의 말솜씨는 매우 뛰어나, 손님들은 물건보다도 그의 말에 끌려서 물건을 사는 일이 더 많았다.

'음, 저만 하면 됐어. 내가 점원 하나는 참 잘 골랐지.'

젠트리는 가게의 매상이 부쩍부쩍 오르자 무척 좋아했다.

그러던 어느 날 얼마 멀지 않은 읍에 살고 있던 피처라는 법원의 검사가 젠트리의 가게를 찾아왔다가 열심히 책을 읽고 있는 에이브를 보고서 말했다.

"넌 참으로 훌륭한 아이구나."

"네? 그게 무슨 말씀이세요?"

에이브는 눈을 크게 뜨고서 물었다.

"책을 열심히 읽고 있어서 하는 말이란다."

그 말에 에이브는 기분이 좋아 대꾸했다.

"감사합니다. 하지만 책이 많지 않고 구하기도 쉽지 않아 맘껏 읽지는 못하고 있어요."

"그래? 그렇게 네가 책을 좋아한다면 내가 빌려주마. 우리 집에 책이 제법 있으니까, 필요하면 빌려서 읽어도 좋아."

"정말이세요?"

"그럼, 정말이고말고."

이 말을 듣고 에이브는 펄쩍 뛰면서 기뻐했다. 이렇게 해 에이브는 피처에게서 《미합중국의 역사》, 《인디애나 주의 법령집》 등의 책을 빌려 읽을 수 있었다. 무엇보다도 빌려온 책 가운데 《천로역정》과 《미합중국의 역사》를 가장 감명 깊게 읽었다.

《천로역정》은 한 사람의 그리스도인이 이 세상을 떠나 천국에 이르기까지의 길이 얼마나 어려운 일인가를 잘 그려놓은 것이었다. 이 책을 읽고 에이브는 생각했다.

'아, 사람이란 죽는 그 순간까지 믿음을 가지고 싸워나가지 않는다면 아무도 구원받을 수 없구나.'

《미합중국의 역사》는 자유와 민주주의 국가인 미국이 어떻게 세워졌는지 알기 쉽게 설명해주는 책이었다.

'이 땅에서 우리가 자유와 평화를 누리며 살게 된 것도 수많은 사

람들이 흘렸던 피의 대가였구나.'

이 두 권의 책은 에이브에게 꿈을 심어주었고, 일생동안 그것을 실천하도록 만들었다. 자유와 평화를 위해 싸우면서 천국을 향해 걸어가는 정신이야말로 그가 미국의 역사를 바르게 이끈 정신이며, 전 세계에 빛나는 영향을 끼친 것이다.

～～

그 무렵의 일이었다.

에이브는 어떤 집에 심부름을 갔다가 그 집에 《워싱턴 전기》가 있는 것을 보고 주인에게 사정해 그 책을 빌려왔다. 밤늦도록 책을 읽고 난 후 탁자 위에 올려놓고 잤는데, 다음날 일어나 보니 책이 물에 흠뻑 젖어 있었다.

'어이쿠, 이 일을 어쩌지! 야단났군. 밤사이에 비가 왔구나.'

통나무집 지붕이 낡아서 밤사이에 내린 비가 집안으로 새어 들어온 것이다. 깜짝 놀란 에이브는 얼른 벽난로 곁으로 가서 책을 말렸다. 하지만 말려놓고 보니 멋대로 구겨져서 볼품이 없어졌을 뿐 아니라 빗물 자국까지 그대로 얼룩져 있었다. 그는 그만 울상이 되어버렸다.

'이런 난처한 일이 어디 있담.'

그는 주인에게 책을 들고 가서 사과했다.

"밤사이에 그만 새어 든 빗물에 책이 젖어버렸습니다. 모처럼 어렵게 빌려주신 것인데 제가 이렇게 책을 망치고 말았습니다…."

"책이 아주 못쓰게 되었구나…."

에이브는 진심으로 사과를 하며 배상도 하겠다고 했다.

"하지만 염려는 마세요. 책값을 드릴 형편이 못되니 그 대신 책값만큼 일을 해드리겠습니다."

다행히 책 주인은 마음이 너그러운 사람이었다. 게다가 에이브의 형편을 아는지라 책값을 배상하게 할 마음도 없었다.

"괜찮아. 일부러 그런 것도 아닌데."

주인은 한사코 말렸지만 에이브는 마음이 불편해서 그냥 지나가지 못했다. 사흘 동안 그 집을 다니며 열심히 일해주었다. 그러자 주인은 더욱 기특하게 여기면서 말했다.

"정말 수고했다. 이처럼 수고했으니 그 책은 아예 네가 가져가거라. 그동안 수고한 대가로 네게 주고 싶구나."

에이브는 뜻밖에 자기의 책 한 권이 생겼다. 더구나 그것이 에이브가 늘 위대하게 생각하던 조지 워싱턴의 전기였기 때문에 그 기쁨이란 말로 다할 수가 없었다.

워싱턴은 영국군과 대항해 싸운 독립군을 지휘해 승리하고, 마침내 미합중국의 초대 대통령이 된 위대한 정치가였다. 에이브는 《미합중국의 역사》를 읽으며 알게 된 워싱턴을 가장 존경했다. 자신이 존경하는 워싱턴의 전기를 가지게 된 에이브는 가슴이 뿌듯했다.

그 후로도 그는 누구의 집에서나 책을 보기만 하면 빌려달라고 사정해서 꼭 읽었고, 누가 새 책을 가지고 있다는 말만 들으면 기어코 찾아가서 빌려 읽고야 말았다. 그래서 그는 마을에 있는 모든 책을 다 읽었을 정도였다.

에이브는 그 어떤 책보다 어머니가 남겨주셨던 '성경'을 가장 사랑하면서 많이 읽었다. 에이브가 성경을 얼마나 많이 읽었던지, 책의 표지가 다 떨어져나갔고, 책장은 손때가 묻어 새까맣게 변해버렸다.

에이브는 성경 중에서도 요셉, 모세, 여호수아, 기드온, 다윗 등의 인물 이야기들에 깊은 감명을 받았다. 특히 어린 다윗이 던진 돌멩이를 맞고서 블레셋의 장군인 골리앗이 거꾸러진 이야기는 매우 통쾌했다.

'맞아, 하나님을 잘 섬기는 사람치고 위대한 일을 하지 못한 사람은 하나도 없어. 또 하나님을 버린 사람치고 비참하게 망하지 않은 사람도 없지. 그런데 내가 어찌 하나님을 바르게 섬기지 않을 수 있겠어!'

성경을 읽고 감명을 받을 때마다 에이브는 늘 새롭게 결심했다. 그는 성경을 많이 읽었기 때문에 오래잖아 그 내용들을 거의 외우다시피 했다. 후에 어른이 되어 사람들 앞에서 연설을 하거나 혹은 글을 쓸 때에 성경의 구절들을 자유롭게 끌어다 사용했던 것도 이때 성경을 읽은 덕분이었다.

젠트리의 가게는 에이브를 점원으로 쓴 덕분에 날로 번창해갔다. 에이브는 처음 보는 손님을 대할 때도 마치 오랜 친구처럼 친절을 베풀었다. 이러한 친절에 감동한 손님들은 더 자주 그 가게를 찾게 되었고, 여러 사람들에게 그 소문이 퍼져 가게의 매출은 하루가 다르게 늘어갔다.

"자, 이 보습과 곡괭이를 보세요. 농기구가 이처럼 튼튼해야 힘을 훨씬 덜 들이면서도 많은 일을 할 수 있는 법이거든요. 아마 나처럼

이 농기구를 많이 사용해본 사람은 없을 거예요. 그러니 제 말을 믿어보세요."

아직 어린 나이인데 농기구를 많이 사용해봤다고 자신하니, 이런 말을 듣는 손님들은 어린 에이브를 기특하게 여기고 농기구를 구입해가곤 했다. 젠트리도 손님들 사이에서 에이브의 인기가 얼마나 높은지를 잘 알고 있었다. 어쩌다 에이브를 심부름을 간 사이 손님이 오면, 그는 이렇게 말하며 손님을 기다리게 했다.

"조금만 기다려요. 곧 에이브가 돌아옵니다. 그에게 물건을 사가는 사람은 하루 종일 즐겁게 웃을 수 있는 웃음까지 덤으로 가져가니까요."

에이브는 진심이 담긴 말도 잘했지만 사람들을 즐겁게 해주는 말도 꽤 잘했던 것이다. 많은 사람들이 에이브의 말솜씨에 껄껄 웃곤 했다.

"하하, 그 말부터 우습군요. 웃음을 덤으로 가져가다니요?"

"우리 집 점원인 에이브는 대수롭지 않은 일을 가지고서도 사람들을 곧잘 웃긴답니다. 이야기의 내용이 아니라 말하는 방법과 스타일이 참 재미있지요. 내기를 해도 될걸요. 에이브 앞에서 웃음을 참을 사람은 아무도 없을 것입니다."

젠트리는 만나는 사람마다 에이브의 말솜씨를 자랑하곤 했다.

그 시절에 에이브가 즐겨했던 이야기 하나가 지금까지도 그대로 전해지고 있다. 경건하고 거룩한 한 목사님이 시골 교회당에서 설교하다가 망신을 당했다는 이야기였다.

"목사님이 한창 설교에 열을 올리고 있었어요. '내가 예수님을 대신해' 하면서 말입니다. 바로 그때였어요. 난데없이 무엇이 발목을 타고서 바짓가랑이 사이로 기어오르더니, 마구 간질이면서 사타구니 사이로 휘젓고 다니는 게 아니겠어요! '이크, 이놈 도마뱀이군.' 맞아요, 그 염치없는 놈은 바로 도마뱀이었지요. 꽤나 엄숙한 표정으로 손짓 발짓을 해가면서 열심히 설교하고 계시던 목사님의 몸속으로 그런 고약한 놈이 침입한 거예요. 목사님은 진땀이 났어요. 요놈을 그대로 두고선 도저히 설교를 할 수가 없겠고, 그렇다고 설교하다가 요놈을 잡아낸답시고 많은 교인들 앞에서 법석을 떨 수도 없고 말입니다."

"그래서 어떡했지?"

"목사님은 생각에 생각을 거듭하다, 그 놈이 얼른 나갈 수 있도록 문을 열어줘야겠다 싶어 한 손으로 아무도 몰래 살그머니, 조용하게 허리띠를 풀었지요. 바로 그때였어요!"

사람들은 에이브에 이야기에 푹 빠져들었다. 어서 다음 이야기를 해달라는 눈빛으로 에이브를 쳐다보았다.

"열심히 설교를 듣고 있던 신자들 사이에서 느닷없이 '와하하' 하고 웃음이 터진 거예요. 왜냐구요? 모두들 못들은 척하세요. 목사님의 바지가 그만 홀랑 벗겨져버렸지 뭐예요."

익살스런 몸짓까지 지어보이면서 이런 이야기를 들려주고 나면 사람들은 배를 움켜잡고 데굴데굴 구르면서 웃었다.

하하하, 히히히, 헤헤헤, 깔깔깔.

이렇듯 사람들은 그의 곁을 떠날 줄을 모르고 에이브의 이야기에 몰두하곤 했다.

차곡차곡 쌓인 독서는 그의 말솜씨에 더욱 날개를 달아주었다.

뉴올리언스 여행

에이브는 어렸을 적부터 다른 아이들보다도 키가 훨씬 컸는데, 열일곱 살이 되자 어른과도 비교할 수 없을 정도로 키가 커졌다. 그의 키가 2미터에 가까웠다. 몸이 마른 데다 키까지 크다보니, 얼핏 보기에는 꽤 약골처럼 느껴졌다. 그러나 실제로 매우 힘이 세고 튼튼해서 못하는 일이 없었다. 그래서 점원 일을 하면서도 틈만 나면 다른 사람의 일을 도와주었다.

그는 낮이면 온종일 열심히 일했고, 밤이면 집으로 돌아와서 또 부지런히 책을 읽었다. 아버지 토머스는 에이브가 일하는 것은 좋아했으나 책을 읽는 것은 여전히 질색했다.

"그럴 시간이 있으면 차라리 잠이나 자거라. 책을 읽는다고 무엇이 나오기라도 하니."

그래도 에이브는 아버지를 원망하지 않고 언젠가는 이해해줄 것이라 믿었다.

"아버지, 책을 읽는 것도 중요해요. 눈에 보이는 재산은 아닐지라도 정신의 재산을 모으는 일이거든요."

그러던 어느 날의 일이었다. 아버지 토머스는 매매 계약서 한 장을 에이브 앞에다 내밀면서 말했다.

"잘 아는 사람이 땅을 조금만 팔라고 하도 사정하기에 결국 20에이커를 팔았어. 이게 그 계약서란다."

에이브는 계약서를 들여다보다가 깜짝 놀라면서 물었다.

"아버지가 판 땅은 분명히 20에이커뿐인가요?"

"그래. 그런데 왜 그러니?"

"아버지, 큰일 났어요. 얼른 다시 그 사람을 찾아가야 해요!"

"왜 그러니? 무엇이 잘못되기라도 한 거야?"

"이 계약서에는 20에이커가 아니라 아버지가 소유하고 있는 땅 전부를 팔았다고 기록되어 있다구요."

"뭐? 그럴리가!"

토머스는 새파랗게 질려 벌떡 일어나 밖으로 뛰쳐나갔다. 사기꾼은 토머스를 속여 그의 땅을 가로채려 했던 것이다. 글을 몰랐던 토머스는 사기꾼의 말만 믿고 계약서의 내용도 모른 채 계약을 해버린 것이다.

토머스는 곧바로 사기꾼에게 달려가 매매 계약을 취소했다. 에이브가 아니었다면 알거지가 될 뻔했다.

"그것 보세요 아버지. 글을 알지 못하면 남에게 백번 속아도 그걸 모르고 살다가 결국 자기가 가진 걸 다 빼앗길 수도 있다고요."

"그렇구나. 어쨌든 큰일 날 뻔했다."

그 일이 있고 난 후부터 토머스는 에이브가 책을 읽는다고 책망하지 않았다.

〜

1828년, 에이브에게 엄마 같던 누나 세라가 첫아이를 낳다가 그만 세상을 떠나고 말았다.

'세라 누나는 나에게 어머니 같은 존재였는데….'

이때 에이브는 세라와 함께 살았던 일들이 주마등처럼 떠올랐다. 그럴수록 가슴이 아파서 견딜 수가 없었다. 누나를 잃은 에이브는 깊은 상실감을 느꼈다. 그러다가 여행을 가기로 마음먹었다. 누나를 잃은 슬픔에서 잠시 떠나고 싶었다. 그런 생각이 그를 오하이오 강으로 이끌었다.

오하이오 강은 인디애나 주와 켄터키 주의 경계선으로, 강 위에는 수많은 배들이 오가는, 풍경이 아름다운 곳이었다. 그는 그곳에서 손님들의 짐을 실어나르는 일을 했다.

그러던 어느 날, 에이브가 배에 짐을 실을 손님을 기다리고 있을 때였다. 어디서 급히 달려온 신사 두 사람이 에이브에게 부탁했다.

"우릴 저 기선까지만 속히 데려다다오. 요금은 넉넉히 줄테니까."

그때 마침 강 한가운데는 뉴올리언스로 가는 기선 한 척이 곧 출발한다고 알리는 고동이 울리고 있었다.

"예, 그렇게 하죠. 무척 바쁘신 모양인데…."

에이브는 얼른 두 신사를 배에다 태우고서 힘껏 노를 저었다. 배는 곧 기선에 닿았다.

"하마터면 배를 놓칠 뻔했군. 젊은이, 대단히 고마워. 자, 요금은 여기 있네."

기선으로 오른 두 신사는 몹시 고마워하면서 50센트짜리 은화 두 개를 에이브에게 얼른 건네주는 게 아닌가!

에이브는 그 돈을 받고 나서 얼떨떨해졌다.

'내가 하루 종일 노를 저어 화물을 운반하고 받는 돈은 겨우 30센트 정도에 불과한데, 사람을 한 번 태워주고 이렇게 많은 돈을 벌 수 있다니…'

그는 운송비의 차이에 깜짝 놀랐다.

"그래, 알겠어!"

에이브는 무슨 생각이 떠올랐는지 바로 숲 속으로 들어가서 나무를 잘라다가 배를 만들기 시작했다. 짐을 나르는 배가 아니라 손님들을 실어 나를 배를 만든 것이다. 솜씨 좋은 에이브는 며칠 만에 자신이 고안한 배 한 척을 혼자서 만들었다.

그는 곧 자기가 만든 배를 기선을 타는 손님이 많이 모일 만한 자리에 옮겼다.

"됐다. 이젠 나도 돈을 좀 벌게 될 거야."

오하이오 강은 미시시피 강으로 이어지는 상당히 큰 강이어서 많은 배들이 오르내렸다. 그리고 그때만 해도 아직 기차가 없었기 때문에 배는 교통수단으로 널리 이용되고 있었다.

에이브의 계획은 성공했다. 기선을 타려는 손님들이 많았기 때문에 힘을 덜 들이고서도 더 많은 수입을 올릴 수 있었다.

그러던 중 미처 생각지도 못한 일이 터졌다. 에이브가 돈을 잘 번다는 소문이 돌자 맞은편 켄터키 주 쪽에 살고 있던 데일리라는 두 형제가 같은 방법으로 일을 시작했던 것이다. 게다가 그들은 얼마 지나지 않아 이쪽저쪽을 오가면서 손님들을 실어나르기도 했다.

'이런 일에도 방해자가 생기는구먼.'

에이브는 불쾌했지만 그들을 말릴 수도 없는 노릇이었다.

그러던 어느 날이었다. 데일리 형제가 배를 저어 오더니 에이브의 배로 올라와서 다짜고짜로 그의 멱살을 움켜잡고 호통을 쳤다.

"야, 너 죽고 싶어! 왜 남의 장사를 방해하는 거야! 강물에다 당장 처박아버릴까 보다."

이 일을 시작한 사람은 에이브였는데, 오히려 그들이 큰소리를 쳤다. 그렇다고 해서 가만히 당할 에이브도 아니었다.

"뭐가 어째?"

"방해하지 말고 여기서 꺼지란 말야!"

다음 순간이었다.

"에잇!"

눈 깜짝할 사이였다. 에이브가 두 손을 뻗는가 싶더니 데일리 형제가 난간 저쪽으로 벌러덩 나뒹굴고 있었다.

"자식들, 너희야말로 박살나고 싶은 모양이지?"

데일리 형제는 부리나케 일어나 그 길로 자기들 배를 타고서 도망쳐버렸다. 그러나 일은 그렇게 쉽게 끝나지 않았다. 데일리 형제가 에이브를 경찰에 고소했기 때문이다.

켄터키 주의 법률에 따르면 허가가 없이는 그 누구도 강에서 나룻배로 장사를 할 수가 없었다. 데일리 형제는 에이브가 허가 없이 장사를 하고 있다는 것을 미리 알고 일부러 트집을 잡아 행패를 부렸던 것이다. 그러다가 얻어맞고 나자 고소까지 한 것이다.

치안판사 페이트는 데일리 형제의 말을 다 듣고 난 다음 에이브에게 물었다.

"그대가 에이브러햄 링컨인가?"

"그렇습니다."

"그럼 고소 내용과 같이 그대는 허가 없이 오하이오 강에서 배로 돈을 벌었다는 게 사실인가?"

"사실입니다."

그러자 치안판사는 준엄하게 말했다.

"그렇다면 그대는 켄터키 주 법률에 의해 처벌을 받아야 한다."

이때 에이브가 대꾸했다.

"그렇지만…."

"그렇지만 뭔가?"

"우리 인디애나 주에는 그런 법률이 없습니다. 그리고 저는 그동안 인디애나 쪽의 손님만 태우고 강 중앙에 있는 기선까지만 왔다갔다했기 때문에 켄터키 주 쪽은 한 번도 침범한 일이 없습니다. 물론 그쪽 손님을 태워본 일도 없구요. 그런데 제가 어째서 켄터키 주의 법률에 따라 처벌받아야 합니까?"

당당하고 정확한 반론에 판사는 눈이 휘둥그레져 물었다.

"그럼 그대는 현재 인디애나 주에 살고 있는가?"

"그렇습니다. 저는 분명히 인디애나 주 사람입니다."

그러자 치안판사는 즉시 판결을 뒤집었다.

"그렇다면 무죄!"

이렇게 해서 사건은 종결되었다. 그러나 에이브는 그 일로 한동안 마음이 씁쓸했다.

바로 그해였다. 미국 전 지역에는 4년마다 한 번씩 치르는 대통령 선거가 있었다. 선거 운동원들은 말을 타고 마을을 돌아다니며 연설을 했다. 사람들의 관심은 대단했다.

"이번에도 아담스가 당선돼야 해. 연임해야 한다고"

"아니야, 앤드류 잭슨이 되어야 해."

후보들에 대한 관심으로 대통령 선거의 열기가 달아올랐다. 그해의 선거에서는 결국 아담스가 연임에 실패하고 잭슨이 새 대통령으로 당선되었다. 선거의 열기가 어느 정도 가시고 난 후였다. 뜻밖에 젠트리가 다시 에이브를 찾아왔다.

"자네한테 의논할 일이 있다네."

"뭡니까?"

"내 아들 앨런과 함께 뉴올리언스에 한번 다녀오지 않겠나. 삯은 8달러쯤 줄 테니."

젠트리는 인디애나 주에서 나는 옥수수와 밀 등의 생산품을 뉴올리언스로 싣고 가서 큰돈을 벌려는 계획을 세우고 있었다. 뉴올리언스는 미시시피 강의 어귀에 있는 커다란 항구도시였다.

그즈음 에이브는 데일리 형제와 다투었던 일 때문에 마음이 계속 불편했다. 또 이런 기회가 아니면 가난한 에이브로서는 그처럼 먼 곳에 있는 큰 도시를 한 번이라도 구경하기조차 힘들었다.

에이브는 기분도 전환할 겸 좋은 기회라고 생각하고는 그러겠다고 대답했다.

"좋아요. 다녀오겠습니다."

그러자 젠트리는 무척 좋아했다.

"자네가 따라가 준다면 내가 마음을 놓을 수가 있다네. 앨런과 동행해준다니 고맙구만."

출발할 날짜가 되었다. 준비한 물건들을 배에다 가득 싣고 에이브는 앨런과 함께 출발했다. 처음으로 먼 여행을 하게 된 에이브는 마음이 들떴다. 뉴올리언스로 가는 길목에 있는 강변 도시들을 들러 물건을 팔면서 가려고 예정했기 때문에 꽤 흥미로운 여행이 될 것 같았다.

사흘이 지나자 배는 벌써 미시시피 강에 들어서고 있었다. 강은 드넓은 벌판 사이를 끝없이 흐르고 있었다.

'켄터키와 인디애나 말고도 이처럼 넓은 세상이 또 있었구나.'

에이브는 새로운 세상을 만난 것만 같았다. 세상은 그가 생각지도 못할 만큼 넓었다. 넓은 세상을 보며 그는 가슴이 설레었다.

계속되던 여행 일정 가운데, 어느 날 밤 그들은 잠시 쉬기 위해 강 나루에 배를 대고 있었다. 그때 난데없이 일곱 명이나 되는 건장한 흑인들이 호두나무 몽둥이를 휘두르며 달려들었다. 그들은 사람을 해치고 물건을 빼앗는 강도였다.

"어서 물건들을 다 내놔!"

"뭐가 어째?"

에이브와 앨런은 이들이 강도인 것을 금방 알아차리고는 쇠막대기를 휘두르며 그들에게 대항해 싸웠다. 가까스로 강도를 물리친 이들은 곧바로 닻을 다시 올리고 그곳을 떠나 위기를 모면할 수 있었다.

"휴, 큰일 날 뻔했어."

"그러게. 잠시도 마음을 놓아선 안 되겠어."

두 사람은 안도의 숨을 내쉬었다. 상처를 조금 입긴 했지만 그 정도로 그친 것만 해도 다행이었다.

길고 긴 여행 끝에 두 사람은 마침내 뉴올리언스에 도착했다. 난생 처음 보는 큰 항구 도시였다.

미국 독립 당시에는 미시시피 강의 하류 지역은 말 그대로 황무지였다. 하지만 에이브가 그곳에 갔을 때는 이미 개척이 되어 하얀 목화송이가 끝없이 벌판에 펼쳐져 장관을 이루고 있었다.

남부 지방은 목화를 재배하기에 알맞았다. 또 당시 방직 산업이 융성하던 영국에서 목화를 모두 수입해 갔기 때문에 남부 지방의 목화 농장은 계속 넓어져갔다. 그밖에 설탕과 담배도 많이 재배했는데, 그런 생산물들로 큰 수입을 올리고 있던 중심지가 바로 뉴올리언스였다.

에이브는 여기서 난생 처음 바다를 보았다. 바다에는 집채만한 기선과 배들이 닻을 내리고 있었다. 항구 도시는 참으로 활기찼다. 목

화 더미와 설탕 부대와 담배 뭉치가 산처럼 쌓여 있는 사이로 짐을 나르는 일꾼들의 소리, 마차꾼과 상인들의 고함 소리, 요란한 뱃고동 소리로 항구 도시는 떠들썩했다. 무엇보다도 집들이 밝고 깨끗했다. 북부 지방의 우중충한 집들과는 전혀 딴판이었다.

참혹한 노예시장

　　뉴올리언스에는 프랑스, 영국, 독일, 스페인, 포르투갈, 멕시코 등 여러 나라에서 사람들이 많이 와 있었고, 인디언과 흑인들도 눈에 띄었다. 그곳은 거리도 번화했고 사람들의 옷차림도 형형색색이었다. 들판의 통나무집에서만 살아온 에이브에게는 모든 것이 신기하기만 했다.

　　앨런이 가져 온 물건들을 팔고 있는 동안 에이브는 도시의 거리를 구경했다. 그는 높은 탑과 화려한 건물들을 신기한 듯 바라보며 거리를 걸었다. 에이브는 이 항구 도시의 번화한 모습에 마음을 빼앗겼다.

　　한참을 걷고 있을 때였다. 광장 한편에 수많은 사람들이 빙 둘러선 채 그 가운데서 무엇을 하는지 여러 사람이 큰 소리로 외치고 있었다.

"자, 값을 불러 봐요."

"500달러."

"520달러."

"550달러."

에이브는 무엇을 사고파는지 궁금해서 얼른 사람들의 무리로 다가갔다. 사람들의 어깨 너머로 안을 본 에이브는 뜻밖의 광경에 깜짝 놀랐다. 그곳은 소문으로만 듣던 노예시장이었다.

열대여섯 명의 남녀 흑인이 손목과 발목에 쇠고랑을 찬 채 아무렇게나 말뚝에 매여 있었다. 늙은이도 있었고, 젊은 여자도 있었다. 그리고 모두 벌거벗은 몸에 맨발이었다. 그 사이를 우락부락하게 생긴 백인 몇 명이 가죽 채찍을 들고 왔다갔다하면서 신나게 소리치고 있었다.

"자, 새로 들어온 물건들입니다. 가격도 다양하니, 원하는 대로 골라보세요."

이때 한 노예 상인이 한편에 쪼그리고 있는 흑인 여자의 불룩한 배를 막대기로 쿡쿡 찔러 보이면서 말했다.

"이 노예를 사가는 사람은 곧 새끼까지 얻습니다. 나설 사람 없습니까?"

다른 장사꾼은 건장하게 생긴 어떤 노예의 엉덩이를 발길로 차면서 말했다.

"이처럼 엉덩이가 커야 일을 잘합니다."

주위에 둘러서서 노예들을 눈여겨보는 사람들은 대개가 농장주이거나 농장의 감독들이었다.

그들은 묶여 있는 흑인에게 다가가서 이리저리 살펴보기 시작했다. 어떤 이는 흑인의 팔다리를 비틀어보기도 하고, 흑인들의 입을 벌려 그 안을 들여다보는 이도 있었다. 잠시 후에 노예들의 주인인 듯한 사내가 어디선가 나타나더니 겁이라도 주려는 것처럼 가죽채찍을 공중으로 내둘러 '휙휙' 소리를 냈다. 흑인 노예들은 모두 깜짝 놀라면서 몸을 움츠렸다.

"이것은 내가 사겠습니다."

"아이고, 참 잘 골랐습니다. 하하."

튼튼한 젊은 흑인은 꽤 비싼 값에 팔려나갔다. 팔린 흑인은 주인의 손에 잡혀 마치 개 끌려가듯 끌려갔다. 임신한 흑인 여자는 배 속에 든 '새끼 값'까지 쳐서 팔려나갔다.

이윽고 엉덩이가 크다며 걷어차이던 노예도 팔려갔다. 그동안 얌전히 말없이 눈물만 흘리고 서 있더니 팔리게 되자 주인에게 반항하기 시작했다. 바로 그때였다.

"이얏."

짧은 호흡과 함께 '씽' 소리가 나더니 가죽 채찍이 그의 어깨에 철썩 감겼다. 그러자 어깨에서는 검붉은 피가 쏟아지기 시작했다. 그 노예는 이를 빠득빠득 갈면서 몸부림치고 있었다.

"으흐흑, 흑흑."

결국 그 노예도 더 이상 반항하지 못하고 이를 악물면서 주인에게 끌려갔다. 시장에서 가축들을 사고파는 광경보다도 더 참혹하고 비참했다.

대개의 흑인들은 말없이 순순히 따랐지만 간혹 반항하는 이도 있

었다. 그럴 때면 아까 그 노예처럼 백인 주인들은 가죽 채찍으로 그들의 몸을 사정없이 내리쳤고, 채찍이 그들의 몸을 휘감았다가 풀리면서 사방으로 시뻘건 피를 뿌렸다.

'세상에 이런 비참한 일이….'

이 광경을 본 후 에이브는 온몸이 바들바들 떨렸다. 흑인들이 울부짖을 때마다 가슴에 칼날이 박혀드는 것 같았다.

'어찌 사람이 사람을 저렇게 학대할 수 있단 말인가! 흑인도 백인과 다름없는 사람이 아닌가!'

그런데도 다른 사람들은 아무렇지도 않게 구경했고, 숫제 벙글벙글 웃는 사람이 있는가 하면 따분하다는 듯 하품을 하는 사람도 있었다. 당시 흑인들은 사람이 아니라 그야말로 소나 말 같은 짐승에 지나지 않았다. 흑인들은 사람으로서의 권리는 전혀 가질 수 없었고, 이리저리 팔려다니는 상품으로 취급되었다.

농장으로 팔려간 후에도 다를 바 없었다. 그들은 주인 감시와 채찍 속에서 혹독한 일을 해야만 했다. 그야말로 죽지 못해 살고 있었던 것이다. 고통받는 흑인을 보면서도 아무것도 할 수 없었던 에이브는 피눈물을 삼키면서 돌아섰다. 그리고 입술을 깨물면서 결심했다.

'그래, 나는 불쌍한 흑인들을 위해 몸 바쳐 일을 할 거야.'

당시 미국 남부 지방은 목화와 설탕을 재배하면서 많은 일손이 필요했다. 농장주들은 일손만 있으면 얼마든지 땅을 개척하고 목화와 설탕과 같은 상품을 재배할 수 있었다. 일손만 충분하다면 돈 버는 것은 어렵지 않았다. 그러자 일부 백인들은 쉽게 돈을 벌고 일손도 쉽게 구할 꾀를 내었다.

"이건 금덩어리를 그냥 주워오는 일이나 마찬가지야."

"알았어. 당장 시작하자구."

이렇게 해서 생겨난 것이 바로 노예 상인들이었다. 그들은 먼 아프리카 대륙으로 건너가서 밀림 속에서 흑인들을 사냥했다. 그리고 짐짝처럼 큰 배에 실어 미국으로 운반해서 노예시장에 내다 팔았다. 일손이 절대적으로 필요했던 신대륙 사람들은 흑인 노예들을 크게 환영했다. 그러다보니 매사추세츠 주를 제외하고는 거의 모든 주가 노예를 사서 부리고 있었다.

매사추세츠 주에는 청교도들이 살고 있었는데, 그들은 노예를 사서 부리는 일을 처음부터 반대했다. 청교도들은 하나님 앞에서 사람은 누구나 평등하기 때문에 흑인이라는 이유로 그들을 노예로 부리는 것은 하나님의 뜻을 거역하는 일이라고 믿었다.

그러나 농장이 많은 남부 지방에서는 날이 갈수록 일손이 더 많이 필요했기 때문에 더 많은 노예들을 사들였다. 특히 캐롤라이나 주, 조지아 주의 사람들은 '만약 미합중국이 노예제도를 막는다면 합중국에서 탈퇴하겠다'는 으름장까지 놓았다.

처음에는 소수의 사람들이 노예 장사를 했지만 얼마 지나지 않아 대부분 유럽 사람들이 노예 장사로 나서게 되었다. 아프리카로 들어가 흑인들을 잡아 대륙으로 신고만 가면 큰 돈벌이가 되었기 때문에 너도나도 노예 장사에 뛰어들었던 것이다.

유럽 사람들은 직접 흑인 사냥에 나서지는 않았다. 그들은 아라비

아인과 무어인들에게 총을 주고 아프리카의 밀림으로 가서 흑인들을 사냥해 오도록 시켰다. 그리고 그 대가로 유리그릇이나 옷감 같은 것들을 주었다.

잡혀온 흑인들은 쇠고랑에 묶여 노예선에 짐짝처럼 실렸다. 노예 상인들은 배 밑창을 선반처럼 만들고 거기에다 흑인들을 꼼짝 못하도록 처박아 넣었다. 노예선에 실린 흑인들은 대소변까지도 그 자리에서 해결해야 했다. 노예선이란 돼지우리와 조금도 다를 것이 없었다. 게다가 먹는 것도 형편없어서 대륙으로 실려가는 도중에 많은 흑인들이 병들거나 죽었다. 그러면 그들은 그대로 바다에 던져졌다.

배가 미합중국에 도착하면 그곳의 노예 상인들이 흑인을 사서 농장 주인들에게 팔았다. 이런 식으로 합중국으로 끌려간 노예의 숫자는 헤아릴 수 없이 많았다.

농장 주인들에게 팔려 간 노예들은 짐승보다 더 참혹한 대우를 받았다. 대개 큰 농장에는 따로 노예를 감독하는 사람이 있었다. 이들은 노예들을 사정없이 후려치고 몰아대면서 조금도 쉬지 못하게 했다.

견디다 못한 노예 중에는 간혹 도망치는 일도 있었다. 하지만 그들은 붙잡히는 대로 곧 죽음을 당했다. 혹독한 노동에 시달리느니 차라리 죽는 것이 낫겠다며 일부러 도망을 가서 죽임당하는 노예도 많았다. 그들은 일부러 도망치다가 잡혀 죽었다.

비교적 농장이 적은 북부 지방의 여러 주에서는 매사추세츠를 본받아 노예제도를 없애버렸다. 그러나 남부 지방의 여러 주들은 자기들의 필요 때문에 노예제도를 없애면 절대로 안 된다고 주장했다.

이런 배경 가운데, 에이브는 생전 처음으로 노예시장의 참혹한 모습을 보았다. 그는 끓어오르는 울분을 참을 수가 없었다. 에이브는 돌아오는 길에 앨런에게 노예시장의 광경을 모두 들려주었다. 그리고 자신의 결심을 이야기했다.

"정말 비참했어. 이런 일들은 우리 미합중국의 수치일 뿐만 아니라 인류의 수치야. 사람이 사람을 짓밟고 살다니, 그런 천벌 받을 짓이 어디 있겠어? 흑인도 백인과 다름없이 하나님께서 똑같이 행복을 누리면서 살도록 지으신 귀한 사람들이야. 하나님 안에서 흑인들도 우리의 한 형제들이나 마찬가지라고. 이런 악한 제도는 그냥 두고 볼 수 없어. 나는 흑인들의 자유를 위해 내 생명을 걸 거야."

앨런 역시 에이브의 말을 들으면서 분노하며 이를 깨물었다.

에이브가 뉴올리언스를 다녀온 지 2년이 지난 1830년 이른 봄, 그의 아버지 토머스는 인디애나 주의 정든 집을 떠나 다시 일리노이 지방으로 이사했다. 죽은 어머니 낸시의 사촌인 존 행크스가 일리노이 지방에 살면서 그곳이 훨씬 살기 좋다고 권했기 때문이었다.

이사는 간단했다. 필요한 물건들만 골라서 마차에다 싣고, 그 위에 여자들이 올라타고 나서 남자들은 말의 고삐를 잡고 가면 되었다. 그때 가족들은 시집 간 새어머니 딸들의 아이들까지 모두 13명이나 되었다.

그들 가족은 생거먼에 자리잡았다. 통나무집에서 꿈을 안고 자라던 에이브 링컨은 어느새 씩씩한 젊은이가 되어 있었다.

이듬해 봄이었다. 오퍼트라는 사람이 큰 가게를 열면서 에이브의 사람 됨됨이를 보고 자기 가게의 점원으로 채용했다. 그래서 에이브는 가족으로부터 독립하여 일리노이 뉴세일럼으로 거처를 옮겼다.

"우리 집에서 일하는 에이브는 얼마나 힘이 센지 몰라. 아마 여기서 그와 겨룰 놈은 하나도 없을걸?"

가게 주인 오퍼트가 새로 들어온 에이브러햄 링컨이라는 점원은 힘이 장사라고 마을 사람들에게 자랑했다. 그 소문은 파다하게 퍼져 마을 불량배의 귀에까지 들어갔다. 에이브에 대한 소문은 그들의 비위에 거슬렸다.

결국 불량배 두목인 암스트롱이 에이브를 찾아왔다.

"어이, 자네가 힘이 장사라면서 어디 한번 겨뤄볼까?"

"힘이 세긴. 자네만큼은 못하겠지."

에이브는 두목의 결투 신청에 사양했다. 하지만 두목 암스트롱이 계속해서 시비를 걸어와서 결국 둘은 맞붙게 되었다. 두 사람의 싸움은 마을의 큰 구경거리가 되었다. 암스트롱과 에이브는 구름처럼 몰려든 사람들 앞에서 결투를 벌였다.

"이 근방에서는 암스트롱을 이길 사람이 없지."

"맞아. 저까짓 키다리쯤이야."

"눈 깜짝할 사이에 넘어뜨려버릴걸."

불량배들은 물론 마을 사람들까지도 모두 암스트롱이 이길 것이라고 생각했다. 처음엔 힘이 서로 비슷해 보였다. 한 사람은 몸집이 크고 한 사람은 말 그대로 키다리였는데, 두 사람은 한참 동안 팽팽하게 서로 힘겨루기를 했다. 모두가 손에 땀을 쥐고 응원했지만 좀처럼 승부가 나지 않았다.

그러다 한순간 전세는 한쪽으로 기울었다.

"이얍!"

기합소리가 장내를 찌르는 듯하더니 몸집이 큰 암스트롱이 그만 뒤로 벌렁 나가떨어졌다. 모두의 기대와는 달리 키다리가 이긴 것이다. 그러자 다른 불량배들이 몰려들었다.

"이 자식."

"죽여버려."

"반칙한 거 아냐?"

불량배들이 우르르 몰려들더니 당장 때려눕힐 듯이 에이브의 멱살을 움켜잡고 낚아챘다. 그러자 넘어졌던 암스트롱이 몸을 털고 일어나면서 소리쳤다.

"얘들아 그만둬. 모두 비켜!"

불량배들이 비켜서자 그는 에이브 앞으로 다가가 손을 덥석 잡으면서 말했다.

"내가 졌어. 암, 깨끗하게 졌지. 이제부터라도 우리 잘 지내보자."

"그래, 알겠어."

그날부터 이 마을 사람들에게 에이브의 힘은 큰 화제꺼리가 됐다. 그런데 인연이란 참으로 묘한 것이다. 그 후로 암스트롱과 에이브는 가장 친한 친구가 된 것이다.

황야의 개척지에서는 힘이 세고 정정당당한 사람이 존경을 받았다. 에이브도 암스트롱을 눕힌 덕분에 지역주민들의 존경을 한 몸에 받았다. 점원 생활도 예전처럼 재미가 있었다.

에이브는 더욱 열심히 일했다. 또 여가 시간을 이용해 책 읽는 일도 게을리하지 않았다. 정치가가 되겠다거나 변호사가 되겠다거나 하는 구체적인 소망은 없었지만 마음속 깊이 하나님 보시기에 옳은 일, 약한 자들을 돕는 일을 하리라는 막연한 소망이 깃들어 있었다.

훌륭한 지식인으로

일리노이로 옮겨오고 나서부터 사람들은 더 이상 그를 '에이브'라는 애칭으로 부르지 않았다. 대신 '링컨'이라는 성으로 불렀다. 그도 이제 건장한 사회인이 되었기 때문에 더 이상 애칭을 쓰지 않을 것이다.

링컨은 점원 노릇을 오래 하지는 못했다. 주인 오퍼트가 목화 장사에 손을 댔다가 크게 실패해 가게를 몽땅 날려버렸기 때문이었다. 링컨은 일자리를 잃은 후 혼자서 열심히 공부해야겠다고 마음먹고, 여기저기서 닥치는 대로 책을 빌려다 읽었다. 앞으로 보람 있는 일을 하기 위해서는 공부를 해야겠다고 생각했기 때문이다.

학식이 많은 그레이엄 선생에게 문법책을 빌려 읽은 것도 그 무렵의 일이었다. 그레이엄은 링컨에게 이렇게 충고해주었다.

"자네는 말은 꽤 잘하지만 발음이 정확하지 않은 데가 많아. 문법

책을 빌려가서 정확한 발음을 익혀보게."

링컨은 처음으로 문법을 스스로 익혔다. 그래서 올바른 문장과 정확한 발음이 어떤 것인가를 알게 되었다.

그 마을에는 잭 캘소우라는 사람이 살고 있었다. 그는 별로 하는일 없이 낚시와 사냥으로 세월을 보내는 사람이었다. 그런데 링컨은 그가 시와 문학에 몹시 조예가 깊다는 것을 알고, 기회가 생길 때마다 그에게 좋은 시를 소개해달라고 부탁했다. 그래서 링컨은 그를 통해 시의 세계가 무엇인가도 알게 되었다.

링컨은 그에게서 영국의 문호인 셰익스피어와 서정시인 로버트 번스가 얼마나 위대한 사람들인가도 들었고, 이들의 작품들도 소개받아 읽었다. 링컨은 이 두 위대한 작가에게서 얼마나 큰 영향을 받았는지 모른다. 그가 너그러운 마음과 아름다운 마음을 가꿀 수 있었던 것은 온전히 그들의 작품을 탐독한 덕분이었다.

이 무렵 링컨이 살고 있던 뉴세일럼에 존 얼렌 박사라는 훌륭한 신사가 이사를 왔다. 그는 건강이 좋지 않아 이곳 조그마한 강변 마을로 요양을 온 것이다.

얼렌 박사는 그곳에서 '금주회'를 만들어 절제하는 생활을 지도했고, 주일학교를 열어 어린이들에게 신앙심을 길러주었다. 한편 '변론회'라는 젊은이들의 모임을 만들어 젊은이들의 지식과 교양을 넓혀주는 일도 했다. 링컨은 그에게서 오랫동안 많은 지식과 교양을 배웠다.

변론회가 열리는 날이면 인근 마을들의 젊은이들이 빠짐없이 참석했다. 링컨 또한 이 모임에 처음부터 빠지지 않고 참석했다.

얼렌 박사는 이런 모임을 통해 젊은이들 스스로 자발적인 의지를 가지고 지식과 교양을 넓힐 수 있도록 이끌었고, 이를 위해 누구든지 자기 의견과 신념을 거침없이 발표할 수 있는 훈련을 쌓도록 시켰다. 그러던 어느 날의 일이었다.

"여보게 링컨, 내가 보기에 자네는 많은 책을 읽은 것 같고 자기 신념도 뚜렷한 것 같은데, 어떤가? 우리 젊은이들 앞에서 자네의 신념을 한번 발표해보지 않겠나?"

엘렌 박사는 링컨을 늘 관심 있게 지켜보다가 그에게 제안을 해온 것이다.

"어떤 식으로 말입니까?"

"아무런 방식이나 상관없어. 그냥 이야기식도 좋고, 연설식도 좋고. 자네 마음대로 표현해보게나."

뜻밖의 요청이었지만 링컨은 이런 기회에 자기가 뜻하는 바를 한번 분명히 밝혀보고 싶어, 자리에서 조용히 일어섰다.

"알겠습니다. 그럼 한번 해보지요."

링컨이 자리에서 일어나자 참석한 젊은이들은 일제히 박수를 쳤다.

"자유라는 제목을 가지고 잠깐 말씀드릴까 합니다."

링컨은 목청을 가다듬고 입을 열었다.

"여러분, 우리가 다 잘 알고 있다시피 미합중국은 민주주의의 나라입니다. 왕이나 귀족이 정치하는 나라가 아니라 모든 국민이 참여해 정치하는 나라라는 말입니다. 이런 민주주의 국가의 정부는 국민의 자유를 지켜주어야 합니다. 아니, 그런 일을 할 수 있도록 국민의 생각과 국민의 손으로 손수 만든 것이 우리의 정부입니다. 그러기에 우리 국민은 누구나 나라를 위해 자기의 생각과 의견과 신념을 분명히 밝힐 수 있는 권한이 있는데, 이것을 '자유'라고 합니다.

주의 정치도 마찬가지입니다. 주에도 정부와 의회가 있습니다. 의회에서는 주민들을 대표하는 사람들이 모여서 주의 법률을 정하고, 정부가 하는 일을 비판하고, 또 격려도 해줍니다. 이런 일들을 가능하게 하는 것이 바로 자유입니다.

유럽에서 갓 이민 온 사람들은 이런 민주주의의 뜻을 잘 모를 수도 있지만, 적어도 미합중국에서 태어난 젊은이들이라면 이런 사실들을 잘 알고 있습니다. 곧 자기 스스로 자유와 권리를 지키고 행사할 수 있어야만 나라가 잘된다는 것을 알고 있는 것입니다.

우리가 지금 살고 있는 이곳 뉴세일럼 같은 개척지 사람들의 가슴속에도 자유를 지키자는 미국의 독립정신이 깊이 뿌리내려 있습니다. 나는 이런 정신이 자랑스럽습니다. 이런 정신이 우리 안에서 더욱 뿌리 깊게 자란다면 우리나라는 민주주의의 꽃을 더욱 활짝 피울 수 있을 것입니다. 우리의 위대한 미합중국 만세!"

링컨은 연설을 끝내고 나서 조용히 자리에 앉았다. 장내는 쥐죽은 듯 조용했다. 얼렌 박사는 말할 것 없고 모든 젊은이들이 그의 연설에 넋을 잃고 입을 다물지 못했다. 잠시 후 박수와 함성이 터졌다.

"와, 링컨."

"정말 대단해."

"놀라운 연설이었어."

링컨의 연설은 조리 있고 쉬워서, 누구라도 자유에 대해 쉽게 이해할 수 있었다. 그리고 그의 힘 있는 어조와 언변은 청중들의 마음을 사로잡기에 충분했다.

링컨의 연설 실력은 꾸준한 독서와 여러 모임에 참석해 주변 사람들의 말을 잘 경청한 데서 얻은 것이었다. 그는 책과 신문을 하루도 빠지지 않고 읽었다. 그리고 얼렌 박사에게서 배운 것도 많았다. 그는 그런 지식들을 모두 자기의 것으로 만들었던 것이다.

이 연설을 듣고 누구보다도 놀란 사람은 존 얼렌 박사였다.

'아, 이 젊은이는 보통 사람이 아니구나. 무엇인가 큰 뜻이 그의 가슴속에 살아 있는 것이 분명해.'

이런 계기를 통해 링컨은 많은 사람들에게 단지 일 잘하고 잘 웃기는, 말만 잘하는 사람이 아닌 유능한 지식인이라는 인식을 심어줄 수 있었다.

링컨은 세월이 지나도 뉴올리언스에서 본 비참한 노예시장을 잊지 않았다. 그는 노예들을 위해 자신의 생명을 걸겠다는 굳은 다짐을 매일 가슴에 새겼다. 하지만 이때까지 아무도 그의 이런 깊은 생각을 아는 사람이 없었다.

미국의 역사는 처음부터 대륙의 원주민인 인디언과 서부로 개척

해나가는 백인들과의 무자비한 싸움으로 얼룩져 있다. 이런 피비린
내 나는 싸움은 서부의 개척이 끝난 19세기 후반까지 계속되었다.

조상들에게서 물려받은 땅을 백인들에게 빼앗기고 서쪽으로 쫓
겨가야만 했던 인디언들의 가슴은 원한으로 사무쳤다. 그래서 인디
언들은 백인들과 평화조약을 맺어 놓고서도 가끔씩 딴청을 부리면
서 백인들을 괴롭혔다. 그런데 이런 일들은 시간이 갈수록 더 참혹
한 싸움을 불러일으켰다.

1832년 4월, 일리노이 지방에서 터진 싸움도 바로 그런 불상사 가
운데 하나였다. 한동안 잠잠하던 인디언들이 미시시피 강을 건너 일
리노이 남부지방으로 쳐들어오고 있다는 소식이 전해지자 사람들은
온통 술렁거렸다.

"인디언들이 전쟁을 일으켰다."

"블랙 호크가 수천 명을 이끌고 강을 넘어섰다."

"빨리 서둘러 방위병을 모아야 한다."

거리마다 사람들이 뛰어다니면서 인디언들에게 대항할 채비를
서둘렀다.

그동안 일리노이 지방에서도 수없이 싸움이 있었다. 그러다 백인
들은 인디언들을 일리노이 북쪽 지방으로 이주시켰다. 그 후 잠시
평화가 유지되는 것 같았다. 하지만 그 시간은 오래가지 못했다. 인
디언들은 자기들의 땅이 거친 산간 지방인데 불만을 터뜨리며, 기어
이 싸움을 일으킨 것이었다. 추장 블랙 호크는 500여 명의 인디언을
데리고 일리노이로 진격했다.

사태가 이렇게 되자 일리노이 주지사는 즉시 방위병을 소집했다.

만약 어떤 사태가 벌어지면 18세부터 45세까지의 남자는 누구나 방위병으로 나가야 한다고 법으로 정해져 있었다. 그리고 이처럼 방위병에 참가한 자들은 스스로 지휘관을 선출하고 그의 지휘에 따라 싸움터로 나가도록 되어 있었다.

링컨은 주지사의 명령이 떨어지자 즉시 방위병에 참가했다. 그러자 뉴세일럼 지방의 중대는 곧 그를 대장으로 선출했다. 그가 힘이 장사라는 소문이 벌써 그 지방에 파다하게 퍼져 있었기 때문이다.

"우리 중대의 대장감은 링컨밖에 없어."

이 말에 반대하고 나선 사람은 아무도 없었다. 그만큼 사람들은 링컨을 신뢰했다. 링컨이 대장으로 뽑혔고, 그의 친구 암스트롱이 부대장이 되었다. 하지만 링컨은 군사적 지식도 없었을 뿐만 아니라 군인이 되는 데 필요한 소질조차 없었다. 물론 링컨은 이후 대통령이 되어 미국의 육군과 해군을 지휘하는 위치에 서게 되었지만, 그 당시에는 서툴기 짝이 없는 중대장에 불과했다.

군사 훈련을 시키던 첫날의 일이었다. 링컨은 일렬횡대로 서 있는 20명의 부대원들을 향해 소리로 구령했다.

"앞으로 갓."

부대는 곧 척척 발을 맞추어 나갔다. 그런데 얼마 가지 않아서 난처한 일이 벌어졌다. 앞에 긴 담장이 가로놓여 있었는데 그 담장 가운데로는 좁은 길 하나밖에 없었다. 링컨은 이 상황에서 어떤 구령을 내려야 20명 횡대를 종대로 바꿀 수 있는지 생각이 나지 않았다. 잠시 당황하던 링컨은 다음 순간 느닷없는 호령을 내렸다.

"중대 제자리 섯. 모두 흩어져 1분 후에 담장 저쪽으로 다시 집합."

이런 엉터리 명령이 떨어지자 부대원들은 모두가 낄낄거리면서 흩어져 좁은 길목을 지나 저쪽 편으로 다시 모였다. 그 후에도 부대원들이 계속 낄낄거리자 링컨은 큰소리로 나무랐다.

"왜 웃지? 웃지 마!"

하지만 그도 참을 수 없어, 곧 뒤돌아서서 크게 웃고 말았다. 그러자 부대원들도 모두 함께 폭소를 터뜨렸다.

그 사이에 블랙 호크가 이끌고 쳐들어온 인디언들은 활과 창과 구식 총을 휘두르면서 미시시피 강변의 백인 마을을 습격해 사람을 죽이고 집을 불살랐다. 하지만 링컨의 중대는 그들과 맞붙어 전투를 해보지 못했다. 그들이 전투장에 도착했을 때는 이미 다른 지방의 방위병 중대들이 인디언들을 모두 물리친 후였기 때문이다.

하지만 그때 링컨의 인격을 높이 평가하게 되는 사건 하나가 있었다. 전투장에 늦게 도착한 밤이었다. 인디언 한 명이 미처 도망치지 못하고 잡혀서 링컨 앞으로 끌려왔다.

"이놈을 당장 죽이자!"

중대원들은 모두가 나서서 그를 죽이자고 아우성을 쳤다. 이때 링컨은 잡혀 온 인디언의 얼굴을 잠시 살펴보고 말했다.

"자, 이 인디언의 얼굴을 봐. 이 인디언은 지금 우리를 죽이려고 덤벼들고 있는 것이 아니라 오히려 우리한테 죽임을 당하게 될까봐 벌벌 떨고 있어. 그가 아무리 적이더라도 이런 사람을 죽이는 것은 정의로운 군사로서 할 짓이 못 돼. 이 인디언을 풀어주고 돌려보내자. 그래야만 우리가 정의로운 군사가 되는 거야."

그러자 몇 사람은 반드시 죽여야 한다고 대들었다.

"아닙니다, 중대장님. 적을 살려보내면 나중엔 더 큰 무리의 적이 몰려옵니다."

"천만에."

링컨은 그들을 단호하게 막았다.

"지금은 지금이고 그때는 그때야. 불확실한 미래의 일을 두고서 지금 우리가 불의한 행동을 해선 안 되는 거야."

"인디언치고 착한 놈은 하나도 없습니다. 이놈들은 반드시 죽여야만 합니다."

"더 이상 말하지 마. 우리의 할 일은 이 인디언을 살려보내는 것이지, 착한 놈으로 만들자는 것이 아니잖아."

부대원들은 꼭 죽여야 한다고 우겼지만 링컨은 그들을 막고 붙잡힌 인디언을 기어이 살려보냈다. 링컨이 그 자리에서 말하지는 않았지만 그가 인디언을 살려보낸 것은 그동안 성경을 읽으면서 배운 그리스도의 사랑에 대한 표현이었다.

"너희에게 이르노니 너희 원수를 사랑하며, 너희를 박해하는 자들을 위하여 기도하라."

링컨이 복음서 가운데서 감명 깊게 읽었던 구절이다. 링컨은 원수라도 사랑하면 그가 친구가 될 수 있다고 생각했다. 그래서 링컨은 죽는 순간까지도 누구를 미워하지 않으려 했고, 아무리 해를 끼친 사람이더라도 그에게 복수하는 일이 없었다.

주의원으로 당선되다

인디언들이 물러가자 전쟁이 끝났다.

방위병으로 나갔던 사람들도 모두 집으로 돌아가게 되었다. 그때 마침 일리노이 주에서는 주의원들을 뽑는 선거 준비가 한창이었다.

"링컨, 이번이야말로 자네가 세상에 알려질 수 있는 좋은 기회야. 자네는 아는 것도 많고 정의심도 강하고, 게다가 연설 솜씨도 뛰어 나잖아. 꼭 출마해봐."

링컨에게 주의원 출마를 권하는 사람이 한둘이 아니었다.

"글쎄, 전혀 뜻이 없는 것은 아니지만…"

링컨은 처음엔 좀 망설였으나 곧 결심을 굳혔다.

'남을 위해 일해보겠다는 용기는 사나이로서 마땅히 가져야 할 도리이다. 다른 사람들이 나를 어떻게 여기든지 상관없지 않는가.'

1832년 3월, 링컨의 나이 스물네 살에 주 의회 선거에 출마했다.

링컨은 아직도 개척지 티를 벗어나지 못하고 있던 일리노이 주에서 휘그당을 선택해 후보로 나왔다. 휘그당은 미국의 건국 초기부터 해밀턴이 주동이 된 강력한 연방주의자들의 모임이었다.

사실 당시 일리노이 주에서는 민주당이 압도적으로 우세했다. 대통령인 잭슨을 개인적으로 그리고 맹목적으로 따르는 무리가 그 어느 지방보다 일리노이 주에 많았기 때문이다. 그런데도 불구하고 링컨은 민주당을 버리고 휘그당을 선택했다.

겉으로 볼 때는 민주당이 훨씬 우세하였지만 휘그당에 정신적으로 훌륭한 지도자들이 많다는 것을 링컨은 알았다. 그리고 무엇보다 휘그당은 노예제도 폐지를 주장했기 때문에 링컨은 휘그당을 선택하지 않을 수 없었다.

그는 곧 선거 전단을 뿌리고 각 지역과 마을을 돌아다니며 연설을 했다.

"저는 젊고 또 제가 누구인지 아는 분도 많지 않습니다. 저는 가장 미천한 곳에서 태어났으며, 아직도 그 자리에 있습니다. 저는 저를 추천하고 후원해줄 만큼 부자이거나 명망 있는 친척도 없습니다. 저를 뽑아주신다면 여러분은 저에게 큰 호의를 베푸는 것이고, 저는 그 호의에 보답하고자 최선의 노력을 다할 것입니다. 그러나 만일 여러분이 지혜롭게 판단해서 저를 뒷전에 그냥 내버려두는 것이 좋다고 여긴다면, 그래도 저는 상심하지 않겠습니다. 왜냐하면 저는 이미 너무 많은 실망을 겪어보았기 때문입니다."

링컨은 다른 후보들과는 달랐다. 다른 후보들은 자신의 자랑을 내세웠지만 링컨은 겸손했다. 그는 자신의 자랑보다는 겸손한 마음으로 이웃을 위해 살겠다는 자신의 신념을 말했다.

그러나 링컨은 이 선거에서 떨어지고 말았다. 아직까지 사람들은 정치 신인 링컨에 대해 잘 알지 못했다. 그리고 이 지역에서 휘그당이 워낙 약했던 것도 낙선의 원인이었다.

하지만 링컨은 낙담하지 않았다.

'그래, 앞으로 착실하게 사람들의 마음을 얻어가면 틀림없이 성공할 날이 올 거야.'

링컨은 조급해하지 않고 뒷날을 기다리기로 마음먹었다.

링컨은 우선 먹고 살 일을 찾아야 했다. 링컨은 윌리엄 베리라는 사람과 동업으로 잡화상을 시작했다. 주로 기름, 옷감, 계란, 농기구 같은 것들을 팔았고, 더러는 술을 가져다가 도매로 팔기도 했다. 링컨은 술을 도매하는 일이 마음에 들지 않았지만 베리가 우기는 바람에 할 수 없이 얼마 동안 술을 도매로 사고팔아야 했다.

이 일로 링컨은 후에 일리노이 주 상원의원 선거에 출마했을 때 공격을 받게 된다. 상대편인 스티븐 더글러스가 '링컨은 한때 술집을 경영했다'고 공격했던 것이다. 그리고 이때 링컨은 '그것은 새빨간 거짓말이다'라고 받아넘겼다. 술을 잠시 도매했던 일과 술집을 차려놓고 술을 파는 일은 전혀 다르기 때문이다. 게다가 그것도 함께 장사하던 베리가 우기는 바람에 억지로 따를 수밖에 없었던 일이었다.

링컨은 인디애나 주에서 살 때부터 술이 사람에게 얼마나 큰 해를 끼치는지 잘 알고 있었다. 개척자들은 고된 생활과 시름을 잊기 위해 독한 술을 즐겨 마셨고, 심지어 교회를 다니는 사람 중에서도 집에서 위스키를 빚어 마시는 사람이 많았다.

일리노이 주에서도 형편은 비슷했다. 사람들은 결혼식이건 장례식 자리건 모이기만 하면 술을 물 마시듯 했다. 워낙 살기가 고달팠기 때문에 술로 마음을 달랬던 것이다.

링컨 역시 고생하면서 살아오기는 마찬가지였다. 하지만 그는 한번도 술을 마셔본 일이 없었다. 그동안 수많은 사람들을 만나고 그 후에는 정치에 뛰어들어 부대끼면서도 끝까지 술을 마시지 않았다.

베리와 함께 시작했던 장사는 그리 쉬운 일이 아니었다. 물건 값을 턱없이 깎는 손님도 힘들었지만 무엇보다 동업자 베리가 가장 힘들었다. 베리는 장사에는 관심이 없고 밤낮 술만 마셔댔다.

베리와 동업의 결과는 처참했다. 동업 1년 만에 남은 것은 빚밖에 없었다. 술주정뱅이인 베리는 엄청난 빚만 남겨놓고 병들어 죽고 말았다.

"후유, 갈수록 태산이구나."

가난했던 링컨에게 이 빚은 너무나 큰돈이었다. 그의 고통은 이루 말할 수 없었다.

"차라리 어디로 도망쳐버려. 그 많은 빚을 어떻게 혼자서 갚을 수 있어!"

가까운 친구들은 그가 안타까워 도망칠 것을 권하기도 했다. 하지만 링컨은 자신의 상황이 힘들다고 해서 도망하거나 피하지 않았다.

그는 단호히 말했다.

"그것은 사람의 도리가 아니야. 하나님은 정직한 사람을 돕는 법이거든."

그는 빚을 기어코 갚아내고야 말겠다고 다짐했다.

가게 일에 실패하고 난 후 링컨은 다행히 친구의 소개로 그 지방의 우체국장 일을 맡아보게 되었다. 그 당시에는 우표가 없었고, 편지의 장 수와 거리를 계산해 요금을 받았다. 링컨은 편지마다 일일이 요금을 매기는 일을 맡았다. 우편물이 도착하면 한 통씩 매수를 세고 발신국의 소인을 본 후 거리를 계산해 요금을 정해 표시했다.

우편물은 일주일에 한 번밖에 오지 않았기 때문에 바쁘지는 않았다. 국장이라고 해야 직원이 하나밖에 없어서 대부분의 일을 혼자 도맡아 했고, 혹시 직원에게 무슨 일이 생기면 링컨은 편지를 모자에 담아 손수 배달하기도 했다. 또 글을 모르는 사람이 부탁하면 그 편지를 읽어주기도 했다.

링컨이 편지를 모자에 담아서 들고 다니는 것을 보고 사람들은 그를 '모자 국장님'이라고 부르기도 했다. 그는 편지를 모자에 담는 버릇을 버리지 못해 대통령이 된 뒤에도 백악관의 집무실에서 실크 모자를 테이블 곁에 놓아두고 거기다 공문서 같은 것을 집어넣곤 했다.

우체국에서 일하는 동안 그는 사람들을 많이 만날 수 있어 기뻤다. 그는 언제나 사람 사귀기는 것을 좋아했고, 그들 앞에서 자기의 의견 말하기를 좋아했다. 또 하나의 즐거움은 구독료 내지 않고서도 주일마다 한 번씩 배달되는 신문을 꼬박꼬박 볼 수 있는 일이었다. 세상의 형편을 아는 데에는 신문을 읽는 것보다 더 좋은 것이 없었다.

그러나 우체국에서 일하면서 받는 보수로는 생활은 할 수 있었지만 빚을 갚기에는 턱없이 부족했다. 이 일로 링컨은 고민에 빠졌다.

'어떻게 하지? 이대로 가다간 빚은 한 푼도 갚을 수 없겠는 걸.'

바로 그 무렵이었다. 측량기사인 캘훈이라는 친구가 찾아와서 측량 일을 도와달라고 부탁했다.

"어때? 지금 하는 일보다 측량하는 일이 더 낫지 않겠어?"

"어쨌든 지금 일로는 빚은 갚을 수 없으니, 일을 바꿔보고 싶기도 해."

링컨은 그 길로 친구를 따라가서 6주 이상 측량 기술을 배운 뒤 측량 일을 시작했다. 그러면서 하루에 2달러씩 삯을 받았다. 물론 우체국 일보다 낫기는 했다. 그러나 이 돈으로도 그 큰 빚을 갚는다는 것은 아득하기만 했다.

링컨은 후에 대통령이 되고 나서 이때를 돌이켜보며 사람들에게 말했다.

빚을 잔뜩 지고 있었던 그때보다 더 괴로웠던 적은 없었습니다. 그 때문에 나는 여러 차례나 비참한 마음이 들었습니다. 그때는 빚을 갚기 위해 내 목숨이 겨우 붙어 있는 것 같았습니다.

한번은 법원에서 빚 때문에 링컨이 먹이고 있던 말 한 필과 측량 기구들까지도 모조리 빼앗아가버렸다.

"말은 별 수 없지만 이 측량 기구만은 제발 봐주십시오. 남의 것 이기도 하지만 제 생활수단은 이것 밖에 없습니다."

"그러니 어서 돈을 갚으라고요."

법원의 직원은 막무가내였다. 그래도 그를 도와주는 손길은 있었 다. 그린과 쇼우트라는 두 사람이 얼마간의 돈을 모아 법원 넣어주 고 말과 측량 기구들을 되찾아주었다.

'아, 남을 사랑하고 도와주는 것처럼 고마운 일은 없구나. 이처럼 아름다운 마음을 가진 사람들이 있으니, 언젠가는 이 세상도 밝은 빛으로 가득 차는 날이 올 거야.'

링컨은 눈물을 글썽이면서 진정으로 그 일을 고마워했다. 그는 그 때보다 하나님의 사랑을 깊이 느껴본 적이 없었다.

이렇게 어려운 상황 속에서 링컨에게 행복한 일이 생겼다. 사랑하 는 여인 앤과 약혼을 한 것이다.

뉴세일럼에 온 지 얼마 안 되어 링컨은 여관업을 하고 있던 레트 레지라는 사람과 알고 지내게 되었다. 그는 링컨이 참가했던 '변론 회'의 간부였을 뿐만 아니라 주일마다 가족을 데리고 교회를 나가 는 성실한 신자이기도 했다.

앤은 그의 딸이었다. 자주 그 집을 방문했던 링컨은, 어느 날 부엌 에서 어머니의 일을 돕고 있던 앤의 자태에 마음이 끌렸다. 링컨은 저녁이면 시간을 내어 자주 여관을 찾아갔다. 그리고 앤과 함께 앉 아 여러 가지 이야기를 나누기도 하고, 읽은 책의 내용을 들려주기도 했다. 앤은 링컨의 믿음직한 성격을 좋아했다. 이렇게 해서 결국 양가 부모들의 허락을 얻고 약혼을 한 것이다.

~

1834년 봄이었다. 2년의 임기가 끝난 주 의회에서는 다시 선거를 치르게 되었다.

"링컨, 이번에는 틀림없이 당선할 거야. 그러니 꼭 출마해봐."

그에게 출마를 권하는 사람은 전보다 더 많았다. 특히 잘 알고 지내던 친구인 변호사 스튜어트는 2년 전에 이미 주의원에 당선되어 노예제도 폐지를 주장하는 휘그당에 들어가 활동하고 있었다. 그는 누구보다도 링컨에게 출마할 것을 강하게 권했다.

"꼭 출마해봐. 자네처럼 정의감이 강한 사람이 의회에서 일해야 한다구."

이 말을 듣고서 링컨은 더욱 용기를 냈다.

'이번이야말로 기어코 성공하고 말 테다. 하나님은 분명히 나를 도우실 거야.'

링컨은 휘그당에 들어가 주의원 선거에 나섰다. 그리고 마을마다 다니면서 자기에게 표를 달라고 호소했다. 그는 자신의 공약을 먼저 말하고, 훌륭한 일꾼이 될 것을 사람들에게 다짐했다.

"여러분, 만약 저를 뽑아주신다면 저는 무엇보다도 우리 일리노이 주 여러 곳에 학교를 세우는 일에 힘쓰겠습니다. 저는 학교 교육을 제대로 받지 못했기 때문에 배우지 못하는 슬픔을 누구보다 잘

알고 있습니다.

다음으로 수로를 개발해 교통을 편리하게 만드는 일에 힘쓰겠습니다. 개척지에 살고 있는 우리는 교통이 불편해 어려움을 겪고 있습니다. 다행히 우리 주에는 호수와 강이 많기 때문에 호수와 강을 연결하면 교통이 편리해질 것입니다.

다음엔 고리대금업자들을 추방하는 일에 힘쓰겠습니다. 우리 개척지 사람들은 땅을 사기 위해 대부분 돈을 빌려 쓰는데, 이자가 비싸서 좀처럼 돈을 갚지 못하는 일이 많이 벌어지고 있습니다. 저는 이렇게 높은 이자로 사람들을 수렁에 빠뜨리는 고리대금업자들을 추방하는 데 힘쓰겠습니다. "

링컨의 선거 공약은 주민들에게 반드시 필요한 일들이었다. 그리고 벌써 이때는 링컨의 인품이 널리 알려져 있었기 때문에 2년 전의 선거와는 사정이 완전히 달라져 있었다.

마침내 선거 결과가 발표되었다. 링컨은 놀랍게도 두 번째로 많은 표를 얻어 당당히 주의원으로 당선되었다. 최고의 표를 얻은 사람과는 불과 14표밖에 차이가 나지 않는 대단한 성공이었다.

변호사가 되다

링컨이 주의원에 당선된 것을 누구보다 기뻐한 사람은 약혼자 앤이었다.

"정말 축하해요. 앞으로 당신은 훌륭한 일을 할 거예요."

앤의 축하의 말에 링컨도 기뻐하면서 대답했다.

"모두 당신의 격려 덕분이야. 이제부터 훌륭한 일을 할 수 있도록 노력해야지."

친구인 변호사 스튜어트도 함께 당선되었다. 그는 일찍이 링컨의 뛰어난 재질을 인정했고, 예전부터 법률을 공부해 변호사가 되라고 늘 권했던 친구였다. 그리고 필요한 법률책도 여러 차례 빌려 주었다.

이 때문에 링컨은 우체국 일과 측량 일을 하면서, 시간이 나는 대로 법률 공부도 할 수 있었다. 스튜어트가 빌려준 책 외에도 그는 스프링필드로 가서 《재판 선례집》과 《법률 해설서》같은 책을 사서 읽기도 했다.

8월에 선거가 있었고, 의회가 열리는 것은 12월이었다. 의회 활동을 시작하기까지 약 3개월의 시간이 있었다. 링컨은 이 3개월 동안도 하루도 쉬지 않고 측량 일을 했다. 우선 생활하는 데에 돈이 필요했기 때문이었다.

어느새 주 의회가 열리는 시기가 다가왔다. 링컨은 친척인 콜먼 스무트에게 200달러를 빌려 생전 처음으로 신사복을 맞추고 구두도 새로 맞추었다. 그리고 나머지 돈은 여비로 썼다.

1834년 12월, 초겨울의 차가운 공기를 마시면서 링컨은 스프링필드로 향했다. 거기서 이번에 새로 뽑힌 생거먼 출신의 주의원 세 사람과 만났다. 달리는 마차 안에서 링컨은 조용히 눈을 감았다. 그러자 켄터키 주에서 보낸 유년 시절부터 그동안의 어려웠던 일들이 굽이굽이 떠올랐다. 생각해보면 그동안 해왔던 이런저런 일들은 또 얼마나 많았던가!

일행을 태운 마차는 이틀 후에 밴달리아에 도착했다. 마차가 멈추자 신사들이 천천히 내렸는데, 그중에 유달리 키가 장대처럼 큰 사람이 있었다. 그가 바로 링컨이었다.

그날 밤 주의원 선거에서 새로 뽑힌 의원들을 환영하는 큰 파티가 열렸다. 이 자리에서 많은 사람들이 스튜어트를 향해 반갑게 인사했

다. 스튜어트는 그들 하나하나를 링컨에게 인사시켜주었다.

"무슨 일을 하고 계십니까?"

어떤 사람이 링컨에게 물었다.

"직업 말입니까? 네, 저는 직업이 굉장히 많은 사람입니다. 나무 꾼, 농부, 품팔이꾼, 뱃사공, 점원, 장사꾼, 우체국장, 측량기사 등등 모두 제가 하는 일이지요."

링컨이 싱글벙글 웃으면서 그렇게 말하자 그 자리에 있던 사람들은 '와' 하고 웃음을 터뜨렸다.

"참으로 당신의 직업은 굉장하군요."

"앞으로는 더 굉장할 것입니다."

그러자 또 한바탕 웃음이 터졌다.

스튜어트는 많은 사람들에게 둘러싸여 있는, 검은 머리에 몸집이 작은 신사에게 링컨을 소개했다.

"링컨, 이분은 버몬트 출신의 스티븐 더글러스 씨야."

"아, 그렇습니까? 저는 에이브러햄 링컨입니다."

"반갑습니다. 앞으로 잘 지내봅시다."

더글러스는 링컨의 손을 힘있게 잡으면서 인사했다.

스티븐 더글러스, 그는 링컨보다 나이가 네 살이나 적은 변호사였다. 그는 버몬트 출신의 민주당원으로, 이후 대통령 선거전에 이르기까지 링컨과 계속 싸우게 될 정적이었다. 링컨은 그의 운명적인 정적을 그 자리에서 처음 만났다.

드디어 링컨의 정치 생활이 시작되었다. 그 당시 일리노이 주의 수도였던 밴달리아는 인구 800명 정도의 작은 읍이었다. 그러나 주

의회가 여기서 열리고 주 대법원도 여기에 세울 계획이었기 때문에 정치에 뜻을 둔 많은 젊은이들의 마음을 끌어당긴 곳이었다.

일리노이 주 의회가 해야 할 일은 참으로 많았다. 큰 길을 만드는 일, 다리를 놓는 일, 학교와 은행을 세우는 일, 운하를 만드는 일, 금주운동을 벌이는 일, 철도를 놓는 일, 법원을 세우는 일 등 일일이 손으로 다 꼽을 수도 없었다. 그러나 무엇보다도 중대한 것은 '앞으로 노예제도를 어떻게 처리하느냐' 하는 문제였다. 노예제도를 폐지해야 한다고 주장하는 편에서는 벌써부터 논쟁할 준비를 서두르고 있었다.

링컨은 주의원으로 일하면서 먼저 여러 사람을 만나고 사귀는 일에 힘썼다. 정치를 하기 위해서는 아무래도 사람을 사귀는 일이 중요했기 때문이었다. 링컨은 처음에는 키만 컸지 아무것도 모르는 시골뜨기처럼 보였다. 그러나 오래잖아 훌륭한 정치인다운 매무새가 다듬어져갔다.

누구보다도 링컨을 아끼고 사랑한 사람은 스튜어트였다.

'역시 링컨은 보통 사람이 아니야. 내 힘이 닿는 대로 도와주어야지.'

그는 언제나 링컨에 대해 이렇게 생각했다. 어느 날 그는 링컨에게 말했다.

"여보게 링컨, 비록 지금은 정치인이 되었지만 언제라도 변호사가 되겠다는 꿈은 버리지 말게. 정치 생활은 잠시지만 변호사 일은 오래도록 남을 돕는 직업이니까."

깊은 우정이 담뿍 담긴 말이었다. 링컨은 이런 우정을 평생 잊지 못했다.

바쁜 생활을 하는 가운데서도 링컨은 시간을 내어 약혼자 앤을 찾아가는 일을 잊지 않았다.

"정말 기뻐요. 링컨, 아무쪼록 이 세상에 하나님의 정의를 펴는 일에 힘쓰세요."

앤은 링컨을 만날 때마다 이렇게 말했다.

"앤, 고마워. 기대에 어긋나지 않도록 정의로운 정치를 할게."

링컨은 앤을 만나서 서로 장래의 일을 이야기 할 때만큼 기쁜 일이 없었다. 그러나 링컨에게 있어 이런 행복은 잠깐뿐이었다. 사랑하는 앤을 잃고 만 것이었다.

1835년 여름이었다. 링컨이 의회에 진출한 지 1년이 지났다. 갑자기 말라리아가 퍼져서 많은 사람들이 목숨을 잃었다. 앤 역시 말라리아에 걸려 고열을 앓다가 그만 숨을 거두고 말았다.

"앤, 안 돼, 죽으면 안 돼!"

링컨은 앤이 말라리아 걸렸다는 소식을 듣고 곧바로 달려갔다. 그는 온갖 정성을 다해 간호했지만 앤은 결국 하늘나라로 떠나버렸다. 앤은 마지막 떠나는 순간까지도 링컨을 걱정했다.

"사랑하는 링컨, 부디 훌륭한 일을 이루세요."

링컨은 마치 하늘이 무너져 내리는 것 같았다.

"오, 하나님…."

링컨은 지쳐 쓰러질 때까지 언덕과 숲을 밤낮으로 헤매고 다녔다. 잠도 자지 않고, 밥도 먹지 않았다. 앤의 무덤에서 울다가 잠든 날도 많았다. 그의 얼굴에서 웃음이 사라졌다. 링컨은 완전히 넋이 나간 것 같았다.

링컨의 우울증은 날이 갈수록 깊어졌다. 사람들 앞에 있을 때면 유쾌해 보였지만 혼자서 있을 때면 곧잘 얼빠진 사람처럼 멍해졌다. 안타깝게 옆에서 지켜보던 스튜어트가 어느 날 충고했다.

"링컨, 정신 차려. 이제 죽은 사람은 잊어야지. 앞으로 해야 할 일들이 많지 않은가. 하늘에 있는 앤이 자네의 이런 모습을 보면 어떨 것 같아? 값진 일을 부지런히 하는 게 바로 죽은 약혼자에 대한 보답이 아닐까 생각해."

옳은 말이었다.

'맞아, 내가 언제까지나 이처럼 슬퍼만 하고 있을 수 없지. 의회 안에서 해야 할 일이 얼마나 많은가.'

링컨은 이때부터 의회 일에만 전념했다. 어느덧 해가 바뀌고 또 바뀌어 2년의 임기가 끝나고 1836년에 다시 주의원 선거가 있었다. 이때는 예전처럼 열심히 선거운동을 하지 않았지만 링컨은 가장 많은 표를 얻어 다시 주의원으로 당선되었다. 링컨의 인기는 점점 높아가고 있었다.

스티븐 더글러스 역시 재선되었다. 후에 이들은 미국의 정치를 한 손에 휘어잡고서 흔드는 거물급들이 되지만, 이때만 해도 햇병아리들에 지나지 않았다.

당시 미국의 정치를 주름잡던 정당은 휘그당과 민주당뿐이었다. 휘그당은 그 후에 '공화당'으로 이름을 바꾸었다. 두 당은 지금까지도 미국 정치의 중심이 되고 있다.

남부의 여러 주에는 넓은 농장을 가진 사람들이 많았다. 그래서 남부에서는 자유를 주장하는 민주당이 인기를 모았다. 반면 북부에서는 중앙 정부의 힘을 주장하는 휘그당이 지지를 받고 있었다.

그해 처음으로 의회에서 노예문제가 다루어졌다. 이때 북부의 여러 주에서는 이미 노예제도의 폐지를 결의한 후에 그 선언문을 남부의 여러 주에 보냈다. 그러나 남부의 여러 주에서는 절대로 노예제도를 폐지할 수 없다고 버티고 있었다.

'노예제도가 좋은 것은 아니지만 우리 미합중국의 헌법은 개인의 재산에 대한 권리를 중요하게 여기고 있다. 노예는 엄연히 우리의 재산이다. 그러므로 이 권리도 존중되어야 한다.'

이것이 남부 사람들의 주장이었다.

그런데 불행하게도 그해 일리노이 주에서도 노예제도 폐지론을 부결되었다. 미국 헌법이 노예를 재산으로 보고 소유할 권리를 인정하고 있기 때문에 노예제도는 그대로 존속해야 한다는 것이었다.

노예제도의 문제를 놓고서 의원들이 투표한 결과, 찬성표가 77표나 되었던 데에 비해 반대표는 겨우 6표뿐이었다. 물론 링컨은 반대표를 던졌다.

"휴, 갈 길이 참으로 까마득하구나."

개표 결과를 보고 링컨은 크게 한숨을 쉬었다. 자기의 바람과 현실은 너무나 큰 거리가 있었다. 하지만 링컨은 서두르지 않고 차분히 생각했다.

'안타까운 일인 게 분명해. 그렇다고 섣불리 덤벼들어서는 안 돼. 지혜롭게 행동하지 않으면 도리어 훗날에 더 큰 손해가 될테니까. 때를 기다려야겠어.'

옳은 생각이었다. 다른 사람들의 생각을 억지로 바꾸려고 하면 도리어 긁어 부스럼이 될지도 모르는 일이었다. 그래서 링컨은 시간을 두고서 사람들의 마음을 감화시켜가는 것이 더욱 중요한 일이라고 여겼던 것이다.

1836년 링컨은 주의원으로 다시 선출되었을 뿐 아니라 변호사 시험에도 합격했다. 스튜어트는 링컨이 변호사 공부를 할 때 누구보다 도움을 주고 격려해주었다. 그리고 링컨 역시 변호사가 되기 위해 열심히 공부했다.

링컨은 변호사가 되고 나서 곧 스프링필드로 이사했다. 뉴세일럼은 1년 전부터 인구가 계속 줄어들어 변호사 일을 하기에는 장래성이 없었기 때문이었다. 일리노이 주의 주도를 밴달리아에서 스프링필드로 옮긴 후, 그곳은 더욱 번창해 제법 도시의 모양새를 갖추어가고 있었다. 인구도 모여들고 있었다. 스프링필드는 자연히 변호사로서 할 일도 많아졌다.

하지만 링컨이 스프링필드로 옮긴 가장 큰 이유는 스튜어트의 권유 때문이었다. 스튜어트는 링컨에게 스프링필드에서 함께 법률사무소를 차리자고 했다. 그래서 둘은 함께 법률사무소를 차렸다. 그러자 이튿날 〈저널 신문〉에는 다음과 같은 기사가 실렸다.

'일리노이 주의원이며 변호사인 J.스튜어트와 A.링컨 두 사람은 함께 스프링필드 호프만 거리 4번지에 법률사무소를 차렸다.'

스튜어트는 그때 1년 앞으로 다가온 국회의원 선거에 출마할 준비를 하고 있던 참이다. 그는 이 선거에서 당선만 되면 법률사무소를 링컨에게 모두 맡기고 떠날 계획을 하고 있었다.

스튜어트의 명성으로 법률사무소를 찾아오는 사람은 아주 많았다. 링컨은 스튜어트의 명성에 힘입어 쉽게 변호사 일을 시작할 수 있었다. 하지만 링컨은 거기에 만족하지 않았다. 링컨은 고객 한 사람 한 사람을 진심으로 대했고, 성실하게 사건을 처리했다. 그러자 사람들은 링컨을 신뢰하고 많은 사건을 맡겼다.

그러던 무렵 링컨은 한 가지 큰 실수를 저지르고 말았다. 링컨이 스튜어트와 함께 법률사무소를 차리고 넉 달쯤 지나서의 일이었다. 스프링필드에서 지방 판사를 선출하는 선거가 있었다. 이때도 휘그당과 민주당은 각각 자기 후보를 하나씩 내세웠다.

이때 어떤 사람이 링컨에게 분명치 않은 정보를 전해주었다.

"민주당 후보에 대한 이야기입니다."

"뭡니까?"

"그가 어느 돈 많은 과부를 속여 10에이커나 되는 땅을 빼앗았다는 소문이 나돌고 있어요."

"그게 정말입니까?"

"아직 정확한 증거를 잡은 것은 아니지만 소문으로 보면 분명한 것 같습니다."

"그럼 우선 입조심 하십시오."

링컨은 자기 곁에 있는 사람들을 시켜 그것이 사실인가 확인하도록 했다. 조사 결과 그 일은 상당히 근거가 있었다. 그는 곧 조사한 사실을 적어서 그 지방의 휘그당 기관지에 익명으로 기고했다.

그러자 스프링필드 일대는 그 일로 발칵 뒤집혔다. 민주당에서는 터무니없는 모략이라면서 펄쩍 뛰며 반격에 나섰다. 그런데 이런 일은 인심을 묘하게 움직여 그만 휘그당에게 패배를 가져다주었다.

'아, 내가 어찌 그런 일을 법정에서 가리지 않고 선거에 이용하려 했단 말인가.'

링컨은 크게 후회했지만 이미 엎질러진 물이었다.

결혼

      1838년에 링컨은 다시 주의원 선거에 출마해 별로 어려움 없이 당선되었다. 그리고 1840년에는 4선 의원이 되어 일리노이 주의 중심인물이 되어갔다.

그가 선거 연설을 하면 사람들이 구름떼처럼 모여들었다. 세 번째 당선되었던 선거에는 다음과 같은 일이 있었다. 이때는 휘그당과 민주당이 여러 차례 합동 연설회를 가졌다.

민주당 연사 가운데 뛰어난 웅변가인 테일러 대령이라는 사람이 있었다. 그는 어느 날 연설장에서 두 주먹을 불끈 쥐어 들면서 외쳤다.

"여러분, 우리 민주당은 흙과 돌멩이만 만지다 손발이 다 터진 노동자와 농민을 위해 피땀 흘려 일하는 정당입니다. 그러나 휘그당의 지도자들을 보십시오. 얼마나 말끔한 귀족들입니까! 그들은 평생 흙

한 번 만져본 일이 없는 사람들입니다."

이를 지켜보던 링컨은 슬그머니 일어났다.

"좋아. 그 입을 막아버릴 거야."

그는 낮은 목소리로 중얼거리면서, 연단 위에서 한창 열을 올리고 있던 테일러의 등 뒤로 조용히 다가갔다. 그러더니 그의 조끼를 낚아챘다. 조끼는 눈 깜짝할 사이에 벗겨졌고, 연설하던 테일러는 깜짝 놀랐다.

테일러의 연설을 듣던 사람들도 깜짝 놀랐다. 링컨의 갑작스러운 행동에 놀라기도 했지만, 그보다도 조끼 안에 감추어졌던 테일러의 몸단장에 더 놀랐다. 테일러의 조끼를 벗기자 눈부시게 하얀 셔츠 위로 번쩍번쩍 빛나는 금시계가 보였고, 그의 목걸이는 보석과 황금으로 치장되어 있었다. 갑작스러운 일을 당한 테일러는 어쩔 줄 몰라 하다가 얼굴이 홍당무가 되어 허둥지둥 조끼를 주워서 걸치듯이 대강 입고 연단을 내려갔다.

링컨은 그가 평소에 얼마나 거짓말을 잘하고 다니는지 벌써 알고 있었다. 그래서 사람들에게 테일러의 위선을 보여주고 싶었던 것이다. 수많은 사람들이 일어나 테일러에게 고함을 지르면서 야유를 퍼부었다.

"저런 위선자."

"양가죽을 둘러 쓴 이리였구만!"

"저런 놈 때문에 나라가 망하는 거야."

이런 소란은 한동안 그칠 줄 몰랐다. 테일러 다음에는 링컨의 연설이 예정되어 있었다. 그는 사람들을 잠시 진정시키고 연설을 시작했다.

"여러분, 테일러 대령이 저렇게 황금과 보석으로 몸을 치장하고 온 나라를 돌아다니며 우리 휘그당을 비난하고 있었을 때, 저는 그 시절에 어떻게 살았는지 아십니까? 저는 가난한 통나무집에서 태어나 줄곧 짐승 가죽으로 만든 바지 한 벌만 입고 지냈습니다. 그것도 그 옷이 다 닳도록 입었습니다. 잘 알다시피 짐승 가죽은 시간이 갈수록 자꾸 줄어듭니다. 그런데 반대로 제 키는 부쩍부쩍 자랐기 때문에, 나중에는 바지가 속옷처럼 짧아지고 말았지요. 그 가죽 바지가 할퀸 자국들이 지금도 내 살갗에 그대로 남아 있습니다. 자, 보십시오. 이것이 그 자국들입니다. 이래도 제가 귀족입니까?"

링컨이 흉터를 보여주며 소리치자 청중들은 함성을 지르면서 박수갈채를 보냈다. 어떤 사람은 너무 감격해 눈물을 흘리기도 했다.

"역시 우리 주에는 링컨밖에 없어."

"링컨이야말로 우리의 아들이다."

"링컨! 링컨! 링컨! 링컨!"

사람들은 링컨을 연호했다. 이제 일리노이 주에서는 아무도 링컨을 당해낼 사람이 없었다.

1840년, 링컨이 주의원으로 네 번째 당선되었을 때, 스튜어트는 미합중국의 국회의원으로 선출되었다. 링컨은 스튜어트의 일이 마치 자신의 일처럼 기뻤다. 그러나 이제 둘은 서로 떨어져서 일을 해야만 했다. 아쉽지만 두 사람은 각자의 길을 축복하며 자신의 일에 최선을 다하기로 했다.

링컨은 얼마 후에 스티븐 로건이라는 변호사와 함께 법률사무소를 다시 열었다. 로건도 그가 전부터 잘 알고 있던 친구였다. 로건은 꼼꼼하고 법률에도 능통한 사람이었다.

새로 일리노이의 수도가 된 스프링필드는 날로 번창하고 화려해져 갔다. 인구는 2,500명 정도였는데, 수도답게 잡화상, 식품상, 여관 등 여러 가지 상점들이 여기저기 들어섰다. 개업한 의사만도 18명이나 되었고 변호사도 11명이나 되었다.

그즈음에는 여행을 하려면 시간과 경비가 많이 들었기 때문에 주의회 의원들은 회의 기간 동안 스프링필드에 머무는 경우가 많았다. 그리고 의원들 중에는 아내와 딸을 함께 데리고 와서 머무는 경우도 있었다. 이렇게 머무는 의원들의 가족 가운데 스프링필드의 사교계에서 잘 알려져 있던 에드워드 부인의 동생인 메리 토드라는 아가씨가 있었다. 그녀는 켄터키 주에 있는 훌륭한 가문의 딸이었다.

에드워드 부인이 오랜만에 자기 집에서 무도회를 개최한 날, 그녀는 링컨도 초청했다. 초대를 받고 무도회에 간 링컨은 그곳에서 메리 토드를 보고 첫눈에 끌렸다. 그래서 그는 그녀에게로 다가가서 춤을 청했다.

"아가씨, 저는 우리 일리노이 주에서 춤을 가장 못 추는 사람입니다. 어디 한번 시험해보지 않겠습니까?"

"어머 그래요? 저도 마찬가지예요. 어디 그럼."

메리 토드는 쉽게 응해주었다. 링컨의 춤은 정말 사람들의 웃음을 자아낼 만큼 형편없었다. 춤을 춘다기보다는 오히려 서 있는 때가 많았고 움직였다 하면 토드의 발등만 밟았으니 말이다.

"아얏."

"아, 미안합니다."

토드의 마음을 사로잡고 싶었던 링컨은 그녀의 발을 밟을 때마다 홍당무가 되었다.

후에 메리는 그날 밤의 일을 이렇게 회상했다.

> 그의 춤 실력은 정말 그 사람의 말 그대로였어요. 게다가 옷차림새
> 도 체격에 어울리지 않아서 얼마나 창피했는지 몰라요. 그런데도
> 첫눈에 그 사람에게 끌리는 데가 있었으니, 참으로 알다가도 모를
> 일이었지요.

메리 토드는 영리하고 예민한 아가씨였다. 빼어난 미모에 입가에 미소가 그치는 일이 없었다. 게다가 교양 있고 가문도 훌륭했다. 반면 링컨은 차림새도 어수룩하고 집안도 별볼일 없었다. 하지만 정치가로 이름이 알려져 있고, 또 장래가 기대되는 젊은 변호사이기도 했다. 또한 링컨은 마음이 따뜻하고 사려 깊은 사람이었다. 메리 토드도 이런 링컨에게 끌렸다.

그 후 두 사람은 자주 만났다. 만나서 함께 시간을 보내면서 둘은 점점 가까워져, 마침내 약혼까지 했다. 메리 토드는 후에 링컨에 대해 이렇게 말했다.

나는 그와 사귀는 동안, 그는 우정이 두텁고 지혜가 풍부한, 정말 존경할 만한 사람인 것을 점점 알게 되었답니다.

하지만 불행하게도 링컨은 메리 도트와 반대였다. 그는 메리 토드와 사귀는 동안 점점 불안해졌다. 그녀는 훌륭한 여성이긴 했으나 무슨 일이든 자기 마음대로 되지 않으면 견디지 못하고 신경질을 부리곤 했다. 링컨은 자기중심적인 메리 토드의 비위를 맞추기가 갈수록 어려웠다.

'평생 이 비위를 어떻게 다 맞춘단 말인가!'

그는 고민하다가 그녀와 약혼한 것을 후회하기까지 했다. 링컨은 어느 날 가까운 친구에게 편지를 썼다.

'나는 메리와의 약혼을 후회하고 있어. 죽는 날까지 그녀의 비위만 맞추면서 살아야 한다는 것은 너무나 끔찍한 일이야. 어쨌든 그녀는 내가 감당하기에는 너무 힘겨운 여자가 분명해.'

그러다보니 두 사람 사이는 자연스럽게 멀어졌다. 링컨이 날마다 우울한 표정으로 지내자, 친구 조슈아 스피드가 충고했다.

"자네가 용기를 내서 그녀에게 솔직하게 말하게. 더 이상 메리를 사랑하지 않으니 결혼할 수 없다고 말이야. 이런 일일수록 빨리 정리해야지, 고민만 하고 있으면 어떡하나."

이 말을 듣고 링컨은 용기를 내어 메리 토드를 찾아갔다. 링컨은 그녀에게 자기의 마음을 솔직하게 털어놓고 약혼을 취소하자고 했다.

"마음이 아픈 일이지만 서로를 위해서 우리의 약혼은 없었던 일로 하는 것이 좋겠습니다."

그러자 그녀는 울면서 소리쳤다.

"당신은 비겁한 사람이에요. 정말 비겁해요."

파혼한 후에 링컨은 얼빠진 사람처럼 보였다. 1841년 새해 첫날의 일이었다. 그는 마음이 얼마나 울적했던지 스튜어트에게 다음과 같은 편지를 보냈다.

나는 이 세상에서 내가 가장 불행한 사람이라고 여기고 있어. 만약 나의 이 심정을 이 땅 위에 살고 있는 모든 인류에게 나누어준다면 아마 이 지구 위에는 웃는 얼굴을 가진 사람은 하나도 없을 거야.

링컨은 우울한 마음을 달래기 위해 한동안 켄터키 주로 여행을 하기도 했지만 별로 도움이 되지 못했다. 한편 메리 토드는 파혼하고 난 후로도 아무렇지 않은 듯 지냈다. 그러나 속마음은 그렇지 못했다. 그녀는 가까운 친구에게 자기의 속마음을 털어놓았다.

"요즘은 하루하루가 지루하기 짝이 없어. 무척 견디기 힘들어. 지난 시간을 생각하면 후회가 되고 뉘우칠 것뿐이라 마음이 아파. 예전의 정다운 친구들도 모두 떠나버린 것 같아 외롭고 쓸쓸해. 그래서 자꾸 눈물이 나."

겉으로 드러내지는 않았지만 그녀도 파혼으로 적지 않은 충격을 받았다.

그러다가 그 이듬해 11월, 생거먼 신문의 편집장인 프란시스는 계속 활기가 없는 링컨을 염려해 파티를 열고 초대했다. 링컨은 몇 번

사양하다가 어쩔 수 없이 파티에 참석했다. 그런데 그곳에는 뜻밖에 메리 토드가 있었다.

"링컨 씨, 정말 오랜만이에요."

"네. 오랜만이군요, 도트 양."

그녀가 링컨에게 다가서며 반갑게 인사하자 링컨도 반갑게 대하지 않을 수 없었다. 이때 프란시스가 두 사람을 향해 싱글싱글 웃으면서 말했다.

"됐어. 사랑이란 이처럼 두 사람이 마주 보면서 지낼 때 싹트고 자라는 법이야. 이 일을 위해 내가 특별히 오늘밤 파티를 벌인 거라고. 자, 이 두 사람을 위해 우리 다 같이 축배를!"

프란시스는 이 두 사람을 다시 화해시키고 싶어서 일부러 자기 집에서 파티를 열었던 것이다. 그 자리에 참석한 사람들은 두 사람을 위해 축배를 들며 격려해주었다.

"맞아. 오늘밤 파티는 정말 멋져."

"자, 두 사람의 행복을 위해."

뜻밖의 일에 두 사람은 밤새도록 서로 지난날의 이야기로 꽃을 피웠고, 그러는 사이 그동안 얼었던 마음들은 녹아내렸다. 따뜻한 옛날의 감정이 되살아났다.

"난 그동안 하루도 괴롭지 않은 적이 없었소."

"저도 그래요. 눈물로 지냈지요."

1842년 11월 4일, 링컨과 메리 토드는 드디어 에드워드 집에서 결혼식을 올렸다. 그때 링컨의 나이는 서른세 살이었고 메리 토드는

스물세 살이었다.

두 사람은 방 하나를 얻어 살림을 시작했다. 링컨의 살림은 간소했다. 필요한 것 몇 가지 외에는 아무것도 없었다. 링컨은 결혼 후에도 이렇게 간소하게 생활하고 싶어했다. 부잣집 딸인 메리로서는 불편하기 짝이 없었지만, 그래도 어렵게 이루어진 결혼이었기 때문에 불평하지 않고 적응하려고 노력했다.

"난 일찍부터 남을 위해서 살기로 결심했소. 아마 이 결심은 죽을 때까지 변함이 없을 거요. 그러니까 이런 결심대로 살아가자면 우린 많은 불편을 참아야 해요. 내가 화려하게 살면서 남을 도울 수는 없으니까 말이오."

링컨은 결혼하고 나서 메리에게 이 말부터 들려주었다. 메리는 알겠다는 듯이 다소곳하게 대답했다.

"잘 알겠어요. 당신의 뜻에 따르도록 저도 노력하겠어요."

정의 편에 선 사람

링컨과 메리는 한동안 행복한 결혼 생활을 했다.
그러나 오래지 않아 두 사람의 성격 차이는 다시 드러났다. 둘은 부
딪치는 일이 잦았다.

"우리 집 남편은 언제나 단정하지 못해서 속상해요. 넥타이가 비
뚤어져 있어도 모르고 예사로 거리를 돌아다니거든요."

메리는 이웃 사람들에게 하소연했다. 어떤 때는 링컨에게 직접 빈
정대는 말을 하기도 했다.

"어휴, 당신은 언제쯤 이런 촌티를 벗을 거예요?"

이런 말을 듣고 나면 링컨은 기분이 매우 언짢았으나 마음을 가다
듬고 참았다.

링컨은 집에서도 매우 부지런했다. 손수 말의 먹이를 마련하고,
우유를 짜고, 나무를 패서 장작을 만들어 놓은 다음에야 법률사무소

로 나갔다. 또 주 의회가 열릴 때도 집안일을 거른 적이 없었다.

결혼한 이듬해 8월에 첫 아이가 태어났다. 사내아이였다.

"당신을 꼭 닮았군요."

"정말 그렇소?"

"네. 그런데 이름을 뭐라고 지을까요?"

"음, 로버트 링컨이 어떨까 싶은데. 로버트 링컨이라고 부릅시다."

링컨은 처음으로 아기를 갖게 되었다는 것이 무척 기뻤고, 신기한 마음까지 들었다.

'역시 하나님은 위대하셔. 사람은 지푸라기 하나도 만들 수 없는데 당신의 손으로 이처럼 예쁜 아기를 만드시다니 말이야.'

그 후로 1846년, 1850년, 1853년에 에드워드와 윌리엄, 토머스가 태어났다. 그러나 안타깝게도 로버트를 제외한 세 아들은 어린 나이에 세상을 떠나고 말았다.

링컨은 자기 아이들을 무척 귀여워했다. 그중에서도 특히 막내인 토머스에 대한 사랑은 이만저만이 아니었다. 그는 일요일이면 아이들을 자기의 사무실로 데려가곤 했다. 아이들은 신이 나서 사무실의 물건들을 온통 뒤집어놓는 등 짓궂은 장난을 하기 일쑤였다. 책장에서 책들을 모조리 꺼내어 집어던지는가 하면 책상의 서랍을 뽑아 사무실 바닥에 내용물을 쏟아놓기도 했다. 그런가 하면 한편에서는 서류에다 잉크를 엎지르고 있었고, 바닥에 널려진 서류들 위에서 뒹굴면서 싸우기도 했다.

"그런데도 링컨 씨는 조금도 말리지 않고 태연히 앉아서 자기 일만 하더라구요."

새로운 동업자 헌던은 가끔씩 불평 비슷하게 그렇게 말하곤 했다.

~

큰 아들 로버트가 태어난 다음해인 1844년 봄, 링컨은 로건과의 동업을 정리하고 윌리엄 헌던이라는 변호사와 새로 법률사무소를 시작했다. 헌던은 링컨보다 열 살이나 아래였다. 하지만 링컨의 눈에 헌던은 책도 많이 읽고 법정에서도 능숙한, 장래가 밝은 변호사로 보였다. 그래서 먼저 헌던에게 함께 일하자고 제안한 것이다. 두 사람은 형제처럼 의가 좋았다. 그래서 그들은 링컨이 대통령이 되기 전까지 함께 일했다. 두 사람은 그때의 우정을 평생 동안 잊지 않았다.

그리고 이 해에 무엇보다도 기뻤던 일은 베리와 동업으로 진 빚을 완전히 갚았다는 것이다. 동업자 베리의 방탕한 생활로 때문에 진 엄청난 빚을 10년 넘게 링컨 혼자 짊어지고 기어이 다 갚은 것이다.

스프링필드의 법원에서는 1년에 몇 차례밖에 재판이 열리지 않았다. 수도라고 해도 규모가 작은 도시였기 때문이다. 그러니 자연히 수입이 적을 수밖에 없었다.

그래서 링컨은 지방으로 내려가서 열리는 순회 재판을 따라가서 변론을 하는 일이 많았다. 이런 때면 판사와 검사 그리고 변호사와 서기 모두가 마차를 타고 다녔다. 순회 재판은 무척 고달팠다. 어떤 때는 아직 길도 나지 않은 거친 들판이나 숲속을 헤쳐가야 했고, 잠자리도 일정하지 않았다.

그래도 개척민들의 오두막집이나 통나무집에서 하룻밤씩 지내면서 순박한 농사꾼들과 함께 정다운 이야기를 나누는 일이 링컨에게는 무척이나 즐거웠다. 그런 때면 어린 시절 아버지 어머니와 함께 생활했던 일들이 떠올라 마음이 훈훈해졌다. 링컨의 겉차림이야 그 전보다는 나아졌지만 그래도 워낙 검소했기 때문에 농사꾼들은 그를 대할 때 조금도 거리감을 느끼지 않았다.

순회 재판을 하기 위해 여행하던 어느 날이었다. 링컨은 형편상 합승 마차를 탔다. 그때 맞은편 자리에 앉아 있던 사람이 링컨을 보며 한참을 웃더니 말했다.

"저, 실례입니다만 선생님께 드리고 싶은 물건이 하나 있군요."

"어떤 물건인가요?"

"이겁니다."

그 사람은 자기 호주머니에서 큼직한 손칼 하나를 꺼내어 건네주었다.

"몇 년 전에 어떤 낯선 사람에게 받은 선물인데, 그때 그 사람이 언제라도 당신보다 얼굴이 못난 사람을 만나거든 이 손칼을 넘겨주라고 했거든요."

"그러니까 당신이 지금까지 보았던 사람 중에서 내 얼굴이 가장 못났었다 이거군요?"

링컨이 호탕하게 웃으며 묻자 그 사람도 웃으며 말했다.

"말하자면 그런 셈이지요."

이 사람은 정치가이자 변호사인 링컨의 성격을 알아보려고 일부러 짓궂게 대답했다.

"오라, 이제야 마음이 놓이는군요. 나는 내 얼굴이 너무 잘나서 우리 미국 사람들이 나를 시샘하면 얼마나 괴로울까 염려했는데."

링컨의 재치있는 대답에 마차 안은 한바탕 웃음꽃이 피었다. 링컨은 얼굴이 잘생기거나 외모가 뛰어난 것은 아니었지만 호탕한 성격으로 사람들을 기분 좋게 만들었다. 링컨의 얼굴이 잘생겼든 못생겼든 그것은 사람들에게 중요하지 않았다. 그의 빛나는 눈동자, 무엇인가 끊임없이 찾아내려는 듯한 깊고 맑은 눈동자는 사람들의 관심을 끌고도 남았다.

링컨이 순회 재판 변호사로 돌아다닐 때에 맡았던 유명한 재판 하나가 있다. 더프 암스트롱이라는 청년이 맥커라는 사람을 죽였다는 사건이었다. 더프 암스트롱은 전에 링컨이 뉴세일럼에서 오퍼트 상점의 점원으로 일할 때 한바탕 힘겨루기를 벌였던 잭 암스트롱의 아들이었다. 더프의 아버지 잭은 이미 세상을 떠나고 없었다.

사람들은 링컨에게 이 사건을 맡지 말라고 충고했다.

"이 사건으로는 돈도 명성도 얻을 수 없어요. 그러니 굳이 맡아서 고생할 필요가 없지요."

동업자 헌던까지도 링컨을 말렸다. 모든 증거가 더프에게 불리했기 때문에 이 사건에서 이길 확률은 거의 없었기 때문이다. 어느 변호사도 이 사건을 맡으려고 하지 않았다.

"링컨 변호사님, 제 아들은 절대로 사람을 죽일 만큼 나쁜 아이가 아닙니다. 남의 죄를 뒤집어썼을 뿐이에요. 제발 살려주세요."

더프의 어머니 한나는 링컨의 옷자락을 붙들고 울부짖었다.

"염려 마십시오. 언제나 진실은 밝혀지게 마련이니까요."

링컨은 우선 한나를 위로하고 마을로 내려가 사건의 전모를 들었다.

얼마 전, 마을의 들판에서 젊은이들을 위한 캠프대회가 열렸다. 그런데 이튿날 아침에 그곳에서 그리 멀지 않은 장소에서 맥커라는 청년이 머리가 깨져 시체로 발견되었다. 그때 제임스라는 사람이 나서서 더프가 맥커를 죽이는 광경을 직접 보았다고 말했다. 그 증언 때문에 더프는 살인범으로 붙잡혀서 재판을 받게 된 것이다.

링컨은 제임스를 만났다.

"당신이 틀림없이 살인 광경을 보았습니까?"

"예, 제가 사건의 광경을 보았는데, 더프가 그 사람을 죽인 것이 분명합니다."

제임스는 아무런 망설임도 없이 즉시 대답했다. 링컨은 잠시 머리를 갸우뚱하더니 이번에는 다른 몇 사람을 만나서 증인인 제임스와 죽은 맥커와의 관계를 알아보았다.

"두 사람의 사이가 어땠습니까?"

"무척 나빴습니다."

"혹시 무엇 때문에 그처럼 사이가 나빴는지 알고 계십니까?"

"아가씨 하나를 두고 서로 차지하려고 늘 싸움을 벌였지요."

"흠, 그렇군요."

이 말을 듣고 나서 링컨은 머리를 끄덕이면서 중얼거렸다.

'그렇다. 범인은 바로 저 제임스다. 자기가 맥커를 죽여놓고는 그

죄를 더프에게 뒤집어씌운 것이 분명해.'

마침내 재판이 시작되었다. 이때 링컨은 증인으로 나선 제임스에게 물었다.

"증인은 더프가 맥커를 죽이는 광경을 분명히 보았다고 했지요?"

"예, 그렇습니다. 틀림없이 보았습니다."

"그렇다면 그때 증인은 현장에서 얼마쯤 떨어져 있었습니까?"

"그다지 멀지 않은 곳이었습니다. 약 50미터 정도 떨어졌던 것 같습니다."

"더프가 어떻게 맥커를 죽였습니까?"

"처음엔 목을 조르다가 나중엔 돌로 머리를 쳤습니다."

"그때가 몇 시쯤이었습니까?"

"아마 11시쯤이었을 거예요. 틀림없어요. 그때쯤이었습니다."

링컨은 눈을 크게 뜨면서 다시 물었다.

"50미터쯤 떨어진 곳에서, 그것도 밤중에 어떻게 그처럼 자세히 볼 수 있었습니까?"

"아, 그, 그때 마침 달이 환하게 비치고 있었습니다. 네, 맞아요. 달이 무척 밝았어요. 마치 대낮처럼 환하게 비치고 있었지요."

이때 링컨은 미리 가져다놓은 책력 한 권을 집어 들었다. 그것은 날짜와 달의 크기와 관계를 자세히 설명하고 있었다. 링컨이 제임스를 처음 만나 그의 말을 들을 때부터 수상쩍은 생각이 들어 미리 준비해두었던 것이다.

그는 그 책력의 한곳을 펼쳐 들고서 큰소리로 말했다.

"이 책력에 의하면 살인사건이 일어났던 그날 밤에는 실낱 같은

초승달이 떴다는 것을 알 수 있습니다. 잘 알다시피 초승달이란 초저녁에 잠깐 서쪽에 보이다가 이내 지고 마는, 있으나마나한 달입니다. 그런 상태에서 어떻게 살인 광경을 그렇게 정확하게 목격할 수 있단 말입니까? 증인의 증언은 모두 거짓임이 분명합니다."

증인석에 있던 제임스는 새파랗게 질리더니 이내 고개를 떨구었다. 거짓말한 것이 분명하게 드러나자 그는 더 이상 거짓 증언을 할 수 없었다.

링컨은 살인범으로 붙잡혀 재판을 받고 있던 더프는 무죄라고 주장하면서 다음과 같이 변론했다.

"나는 다만 정의의 편만 드는 사람입니다. 이 사회에서 거짓을 모조리 없애는 것이 내가 해야 할 일입니다."

이 재판으로 링컨의 이름은 더욱 유명해졌다. 당시의 변호사 수입은 그리 대단한 것이 아니었다. 물론 주지사의 1년간 연봉보다 변호사의 1년 수입이 약간 낫기는 했다. 그러나 그런 수입을 얻기 위해서는 태산처럼 쌓인 일들을 부지런히 처리해야만 했기 때문에 무척 고달팠다.

사건도 보수가 큰 사건은 어쩌다가 한 번씩 생겼고 대개는 '옆집의 소가 우리 집 농작물을 몽땅 망쳐놓았다'느니, '이웃집 개가 우리 집 아들의 다리를 물었다'느니, '저 사람이 3년 전에 내 돈 10달러를 꾸어갔는데 아직도 갚지 않고 있다'느니 하는 등 아주 사소한 소송들이 태반이었다. 그래서 한 건의 사건 당 대개 수임료로 5달러 정도만 받았다. 하지만 그것조차도 현금으로 지불되는 경우보다 반찬거리, 채소, 곡식, 옷가지, 닭 같은 생활필수품으로 가져오는 일이 더 많았다.

그렇더라도 링컨은 어떤 사건을 맡든지 그 사건이 크고 작은 것에 상관하지 않고, 오직 어느 편이 결백하고 어느 편이 부당한지 그 사실을 밝히는 일에만 온 힘을 다 기울였다. 그리고 가난해서 보수를 낼 수 없는 사람에게는 무료로 변호를 해서 문제를 해결해주었다. 그러다보니 사건이 생기면 사람들은 너도나도 링컨을 찾아왔다.

링컨은 언제나 겸손하고 재치있는 말솜씨로 사람들을 즐겁게 만들어주었고, 또 누구든 언제나 친구처럼 대해주었다. 그러나 일단 사건을 맡아서 법정에 서게 되면 빈틈없고 조리있게 변론을 해서 조금도 거짓을 숨길 수 없도록 만들었다.

이렇게 외부적으로 링컨의 명성이 점점 높아졌지만 그에게는 누구에게도 말 못할 골치 아픈 일이 있었다. 바로 아내 메리와 동료 변호사 헌던 사이의 불화였다.

링컨은 어느 날 아내 메리와 이야기하던 중 그 사실을 알게 되었다.

"내 참, 어처구니가 없어서."

"아니 왜 그러오?"

"당신과 함께 일하고 있는 헌던 말이에요."

"그가 왜?"

"내가 얼마나 모욕을 느꼈는지 알아요?"

그러면서 메리는 말을 이었다.

"어제 법률사무소에 갔다가 당신 테이블 위에 서류가 있는 것을 보았어요. 그래서 그 서류를 들춰보면서 이게 무슨 사건이냐고 물었더니, 아 글쎄 '여자가 그런 일에 웬 참견이냐'며 소리를 꽥 지르더라구요. 얼마나 분하던지! 나는 곧 그 자리를 뛰쳐나오고 말았다구요."

"그건 당신이 잘못했구려…."

링컨은 대수롭지 않다는 듯이 가볍게 받아넘겼다. 그러자 메리는 펄쩍 뛰었다.

"아니, 뭐예요? 이젠 당신까지도 나를 무시하고 모욕하는 거예요?"

링컨은 아내의 성격을 잘 알고 있었기 때문에 더 이상 대꾸하지 않고 입을 다물었다. 그러나 이런 일들은 메리와 헌던 사이를 더욱 갈라놓아버렸기 때문에, 이것은 두고두고 링컨의 골칫거리가 되었다.

드디어 국회로

1846년은 미합중국의 국회의원 선거가 열리는 해였다. 링컨은 이 선거에서 하원의원으로 출마하려고 1년 전부터 빈틈없이 준비를 하고 있었다. 그동안 각처를 돌아다니며 했던 순회 재판이 무엇보다 큰 도움이 되었다.

진흙바닥에 푹푹 빠지면서 온종일 말을 몰아 드문드문 흩어져 있는 마을들을 돌아다니는 일은 고생스러웠다. 게다가 아무도 없는 벌판에서 소낙비를 맞아 속옷까지 다 젖은 채 목적지까지 터벅터벅 찾아간 적도 한두 번이 아니었다. 또 어떤 때는 강물이 불어나서 말을 몰고 헤엄쳐야 했던 일도 있었다.

하지만 그런 중에도 소박하고 인정 많은 농사꾼들과 함께 서로의 마음을 주고받으며 이야기를 나눌 수 있어, 그는 그 일이 참 좋았다. 이 일을 통해 평범한 서민들의 사정을 잘 알 수 있었고 그것을 바탕으로 국회에 가서 그들을 위해 일할 수 있다고 생각하니, 링컨은 이 모든 일들이 기쁘기까지 했다. 사람들 역시 링컨과 함께 이야기하며 그를 신뢰하게 되었고, 든든한 지지자가 되었다.

링컨은 휘그당의 연방 하원의원 후보로 지명되었다. 이때 민주당 에서는 링컨의 상대자로서 피터 카트라이트라는 감리교 목사를 내 세웠다. 그는 목사였지만 정치에 대해서도 식견과 재질을 갖추고 있 었다.

그런데 선거운동이 벌어지자 피터는 가는 곳마다 링컨을 헐뜯고 다니며 터무니없는 거짓말을 하기 시작했다.

"여러분, 링컨만큼 맹랑한 놈도 없습니다. 자기가 변호사라고 거 드름을 피우고 있지만 학교라곤 문턱도 가보지 못한 천하의 무식쟁 이입니다."

피터 카트라이트는 유명한 부흥목사였을 뿐만 아니라 연설에서 는 둘째가라면 서러워 할 정도로 말재간이 빼어났다. 게다가 그는 친구가 많기로도 유명했다.

'어쨌든 만만치 않은 상대야.'

링컨은 그를 쉽게 여겨서는 안 되겠다는 생각이 들었다.

선거 막바지에 링컨은 피터가 설교하는 교회에 갔다. 이때 카트라 이트 목사는 교인들을 향해 핏대를 올리면서 소리치고 있었다.

"자기 죄를 회개하지 않은 사람은 지옥으로 떨어질 수밖에 없습 니다. 하나님께서는 머리카락만한 죄도 절대로 그냥 지나치시는 일 이 없습니다."

그는 이어 외쳤다.

"자, 이제 회개하고 천국에 가겠다고 결심한 사람은 빠짐없이 자리에서 일어나시기 바랍니다."

그러자 신자들은 빠짐없이 자리에서 벌떡 일어났다. 그런데 어찌 된 일인지 한 사람만 일어나지 않고 버티고 앉아 있었다. 그는 바로 링컨이었다.

카트라이트 목사는 높은 단 위에서 이를 내려다보고 있다가 조용히 단에서 내려왔다. 그리고 링컨에게 다가갔다. 이윽고 링컨 곁에 선 피터 목사는 잠시 바라다보더니 낮은 목소리로 물었다. 그것은 분명 빈정대는 말투였다.

"그럼 당신은 천국에 가고 싶지 않다는 것입니까?"

그러자 링컨은 그대로 앉아서 대답했다.

"나는 당신이 방해만 하지 않는다면 천국이 아니라 먼저 국회로 가고 싶습니다. 그런데 내가 국회로 가는 길을 방해하려고 당신이 별별 소리로 나를 헐뜯고 다닌다고 하더군요. 그러고서도 당신이 나를 천국으로 인도할 수 있다고 생각합니까?"

카트라이트 목사가 선거운동 중에 자기를 지나치게 헐뜯고 다녔기 때문에 링컨은 그 점을 꼬집어 말했던 것이다. 이 말을 듣고 카트라이트 목사는 더 이상 아무 말도 못하고 돌아섰다.

그런데 그는 자기 잘못을 뉘우치기는커녕 그 후부터 도리어 한 술 더 떠서 링컨을 공격하고 다녔다.

"여러분, 링컨은 하나님을 믿지 않는 불신자입니다. 그는 자기가 가고 싶은 곳은 천국이 아니라 국회라고 분명히 말했습니다."

이런 말은 금방 링컨의 귀에까지 들렸다.

"뭐, 나를 불신자라고 공격해?"

"그렇습니다. '내가 가고 싶은 곳은 천국이 아니라 국회다'라고 했다고 말입니다."

"이런 고약한 일이 어디 있나. 말마다 트집을 잡다니!"

링컨은 화가 머리끝까지 치밀어 올랐지만 섣불리 행동하지 않았다. 링컨은 여러 방법을 강구하다가 좋은 생각이 떠올랐다.

'옳지.'

링컨은 자기의 신앙고백을 글로 써서 신문에 발표했다.

나를 반대하는 사람들이 내가 하나님을 믿는 사람이 아니라고 떠들고 있습니다. 심지어 내가 기독교를 조롱했다고까지 비난하는 사람들도 있습니다. 그래서 나는 마지못해 이런 신앙고백을 발표하기로 결정했습니다.

주위 사람들이 다 알고 있는 대로 나는 지금까지 교회를 정해놓고서 나간 적이 없습니다. 변호사로 돌아다니는 일이 많기 때문에 그때마다 편리한 대로 가까운 교회에 나가서 예배를 드렸기 때문입니다.

어쨌든 나는 단 한 번도 하나님을 믿지 않는다거나 성경이 가르친 진리를 부인한 일이 없습니다. 내가 감리교인이 아니기 때문에 불신자라고 욕을 한다면 어쩔 수 없는 일이지만, 그렇지 않다면 나를 불신자라고 비난하는 일은 다 거짓인 것을 지금 분명히 밝혀두는 바입니다.

링컨은 이 선거에서 어렵지 않게 카트라이트를 누르고 당선되었다. 카트라이트가 4,800여 표를 얻은 것에 그친 데 비해 링컨은 1,400표나 더 많이 얻어 당당하게 국회로 갈 수 있었다. 이때 그의 나이 서른일곱 살이었다.

링컨은 선거에서 이겨 하원의원으로 당선되었으나 드러나게 기뻐하는 기색이 없었다. 연방 의회는 주 의회에 비해 앞으로 해야 할 일이 태산처럼 많았다. 그래서 링컨은 막중한 책임감이 느꼈다.

1846년 12월 2일에 링컨의 가족은 거처를 워싱턴으로 옮겼다. 그리고 그는 12월 6일에 열리는 국회 본회의에 13대 연방 하원의원으로 취임했다. 그때 워싱턴은 전체 인구가 4만 명이었는데, 3만 명은 백인이었고 나머지 8,000명은 흑인이었고 2,000명은 노예였다. 거리는 생각과 달리 지저분해 도무지 미합중국의 수도로서는 어울리지 않아 보였다.

무엇보다도 링컨의 마음을 괴롭힌 것은, 역시 노예를 돈으로 사고파는 참혹한 광경이었다. 그 당시 워싱턴은 노예 매매의 중심지였다. 노예들은 쇠고랑에 묶인 채 무리를 지어 이리저리 끌려다녔다. 엄마가 팔려 어디론가 끌려가면 어린아이는 떨어지지 않으려고 발버둥을 치며 울었다. 엄마도 끌려가면서 차마 발길을 떼지 못하고는 뒤돌아보면서 울부짖었다. 이런 때면 백인 주인은 가죽 채찍으로 사정없이 후려치면서 끌고갔다.

'노예도 우리와 똑같은 사람인데 어떻게 저렇게 비참하게 만든단 말인가! 아, 우리 합중국 안에서 언제쯤이나 저런 불행이 그치게 될 것인가.'

링컨은 그런 광경을 보고 몇 번이고 이를 깨물면서 그처럼 중얼거렸다.

그즈음 국회 안팎에서 큰 논쟁이 일어나고 있었는데, 바로 노예제도에 관한 문제였다. 이 논쟁의 불길은 1845년에 합중국이 전쟁을 일으켜 멕시코로부터 텍사스 땅을 빼앗아 그 땅을 또 하나의 주로 만들면서부터 다시 논의되기 시작했다. 링컨이 국회의원에 당선되었을 때는 벌써 멕시코 전쟁이 끝난 상태였지만 아직도 정치적 논쟁의 불씨는 그대로 남아 있었다.

민주당 측에서는 무엇보다 이 전쟁을 승리로 이끈 것을 자랑스럽게 내세웠다. 멕시코인들의 콧대를 꺾고 미합중국의 영예를 날렸으니 얼마나 장한 일이냐고 떠들었다. 그러나 휘그당은 해서는 안 될 전쟁을 시작해 미합중국을 침략자라고 지탄받도록 망신시켰다고 반격했다.

미국과 멕시코는 상당히 오랫동안 국경 분쟁을 일으켜왔다. 그래서 여기저기서 충돌이 잦았다. 그런데 이번 텍사스 땅을 빼앗은 전쟁은 미국이 먼저 일으킨 것이 분명했다. 전쟁의 첫 희생자들이 멕시코 땅에서 났던 것만 보아도 알 수 있는 일이었다. 그럼에도 불구하고 미국의 행정부와 민주당은 이 전쟁을 멕시코의 침략이라며 잘못된 정보를 퍼뜨렸다.

링컨은 이번 전쟁을 전적으로 부당한 것이라고 주장했다. 만약 미국이 이런 불의를 계속 저지르면 결국 나라가 망하고 말 것이라고 생각했다.

'안 돼. 아무리 힘이 강하더라도 그 힘을 가지고 약자를 짓누른다 면 오래잖아 우리나라는 망하고 말 거야.'

이것이 링컨의 생각이었다. 그래도 그는 과격하게 싸우지 않고 모 든 불의를 차근차근 밀어낼 것을 결심했다.

그런데 합중국이 멕시코로부터 텍사스 땅을 빼앗은 후에 이전보 다 훨씬 더 중대한 논쟁거리가 있었다. 미합중국에 새로 편입된 텍 사스 주에 노예제도를 허락할 것이냐 말 것이냐 하는 것이었다.

1820년, 그러니까 링컨이 아직 어렸을 적에 미국 정부에서는 소 위 '미주리 협정'이라는 것을 만들었다. 당시는 미합중국이 22개 주로 이루어졌는데, 그중에서 남부에 위치한 11개 주는 노예제도를 찬성했고, 북부에 위치한 나머지 11개 주는 노예제도에 반대했다. 그래서 균형을 유지하기 위해 미주리 주를 노예주로 하고 그 이북 으로는 노예제도를 허락할 수 없도록 했다. 이것이 미주리 협정의 요지이다.

그러다가 텍사스 주가 새로 생긴 후 미합중국은 미처 생각하지 못 했던 큰 문제에 부딪친 것이다. 텍사스 주는 워낙 넓었기 때문에, 그 주에 노예제도가 허락되는지의 여부에 따라 남북 간의 세력이 판가 름 났다.

"더 이상 노예제도를 인정하는 주를 늘려서는 안 된다. 노예제도 는 하나님의 뜻과 인륜을 짓밟는 짓이기 때문에 그런 주가 더 생겨 나면 합중국의 역사는 부끄럽게 끝나고 말 것이다."

이것이 북부의 주장이었다. 그러나 남부에서는 정반대의 논리를 폈다.

"노예제도는 현재로서는 가장 필요한 제도이다. 노예제도가 없이는 여러 농산물을 제대로 생산할 수 없을 뿐만 아니라 대륙의 개척도 완성할 수 없기 때문이다. 그러기에 텍사스 주도 노예제도를 실시해야 한다. 만약 이를 정부에서 허락하지 않는다면 우리 남부는 미합중국으로부터 벗어나서 따로 독립 정부를 세울 것이다."

양쪽의 주장은 타협점을 찾지 못하고 팽팽하게 맞섰다. 합중국은 서서히 태풍 속으로 빠져들기 시작했다.

"노예제도는 없애야 한다."

"아니다. 절대로 없애서는 안 된다."

양보 없는 양편의 주장이 끊임없이 이어지면서 각지에서 폭력 사태도 빈번히 일어났다.

그러던 중 미주리 주에서 미국 전체를 깜짝 놀라게 만든 사건이 터졌다. 한 백인 주인이 아침에 자기 노예들을 끌고서 농장으로 향하던 중, 건장한 노예 하나가 갑자기 주인의 등 뒤로 다가서더니 잽싸게 가죽채찍을 빼앗았다. 그러고는 채찍을 휘두르며 자신의 발목에 채인 쇠고랑을 풀도록 명령했다.

노예의 얼굴에는 살기가 등등했다. 주인은 별 수 없이 그 노예의 발목 쇠고랑을 풀어주었다. 노예가 도망치자 주인은 즉시 경찰을 불렀다. 그러자 경찰 몇 명이 도망친 노예를 추격했다. 쫓기던 그 노예는 자신에게 달려든 경찰에게서 칼을 빼앗아 그의 가슴을 깊이 찌르고 나서 다시 도망쳤다. 그러나 끝내는 붙잡히고 말았다.

"저 노예를 죽여라."

"당장 불태워 죽여라."

"높이 매달아 태워라."

백인들은 길길이 뛰면서 소리쳤다. 결국 그 노예는 끔찍하게 불에 타죽고 말았다.

불붙는 싸움

      미주리 주에서 노예를 불태워 죽인 사건에 이어
남쪽 미시시피에서는 주인을 죽이고 도망친 세 명의 노예를 붙잡아
모조리 목을 베어버린 일이 일어났다. 일리노이 주에서는 노예제도
폐지를 주장하던 유명한 언론인 엘리자 러브조이가 암살당했다.

  한편 대륙으로 일찍 끌려온 흑인들의 2세 가운데는 머리가 뛰어
난 사람도 있었다. 버지니아 주에서 살았던 네트 터너가 바로 그런
사람 중 하나였다. 그는 착실한 기독교인으로서 버지니아 주에 살고
있는 불행한 흑인들을 위해 설교를 하러 다녔다. 그는 노예들이 학
대받는 모습을 볼 때마다 가슴에서 분노가 끓어올랐다. 그는 가는
곳마다 흑인들에게 큰소리로 외쳤다.

  “여러분, 우리는 지금 잔악한 백인들에게 짓밟히고 있지만 언젠
가는 살아 계신 하나님께서 우리를 이 고통에서 벗어나게 해주실 것

154

입니다. 하나님은 우리를 노예로 만들지 않으셨습니다. 그분은 백인이나 흑인이나 똑같은 자유를 누리도록 만드셨습니다. 그러기에 하나님은 우리에게 반드시 그 자유를 되돌려주실 것입니다. 하나님의 뜻을 거스를 자는 이 땅에 아무도 없습니다.”

그의 설교는 많은 흑인들에게 용기를 불어넣어 주었고, 그들의 어두운 마음을 깨우쳐주기도 했다.

1831년, 더 이상 참을 수 없었던 네트 터너는 흑인들을 모은 후 폭동을 일으켰다.

“우리는 우리의 권리를 찾아야 한다. 자, 다같이 일어서 나가자!”

그들은 무기를 빼앗아 여기저기서 농장을 습격하고 닥치는 대로 백인들을 죽였다. 분노가 화산처럼 폭발했던 것이다. 그러나 강력한 무기를 지닌 백인들을 당해낼 수가 없었다. 결국 폭동을 일으켰던 흑인들은 다 잡혀 죽고 말았다. 백인들의 보복으로 각처에서 죄 없는 흑인들까지 비참한 죽음을 당했다.

이 사건으로 인해 남부의 여러 주에서는 이런 사건이 다시 일어나지 못하도록 여러 가지 엄한 법을 만들었다. ‘흑인은 모임을 갖지 못한다,’ ‘흑인은 공부를 할 수 없다,’ ‘흑인은 농장 밖으로 나가지 못한다’ 대개 이런 것들이었다.

네트 터너 사건이 일어난 후 보스턴에서는 윌리엄 개리슨이라는 정의감이 강한 청년이 〈해방자〉라는 주간 잡지를 발행했다. 이 주간지는 노예 해방을 주장하기 위해 만든 것이었다.

〈해방자〉가 나오자 사방에서 노예제도를 반대하는 소리가 더욱 거세게 일어났다. 그러자 때를 같이해서 각처에서 흑인들이 도망치도록 돕는 사람이 생겼고, 도망쳐 나온 흑인들을 숨겨주는 이들도 있었다. 심지어 그들을 캐나다로 몰래 넘어가도록 도와주는 일도 연이어 일어났다.

〈해방자〉의 독자는 급속도로 늘어갔다. 이 기회를 틈타 개리슨은 독자들과 더불어 '노예제도 반대 모임'을 만들어 국회를 움직여보려는 계획까지 세웠다. 사태가 이렇게 되자 남부의 여러 주들이 함께 일어나 소리를 높였다.

"만약 정부가 노예제도 반대운동을 단속해주지 않으면 우리는 연방을 탈퇴해서 따로 독립국을 만들 것이다."

합중국은 분열의 상황에 놓였다. 정부는 매우 난처했다. 사태를 그냥 두면 합중국은 두 동강 나고 말 것이었기 때문이다. 그래서 할 수 없이 정부는 남부 사람들을 진정시키기 위해 개리슨을 체포하고 〈해방자〉를 폐간시켰다.

그러나 그런 일은 손바닥으로 바람 막는 것에 지나지 않았다. 노예를 구하라는 목소리는 더욱 높아갔다.

"노예를 구하라!"

"흑인들에게 자유를 주어라!"

"합중국은 자멸하지 말라!"

이런 열기가 뜨거워질 무렵 〈내셔널 이러〉(National Era)라는 잡지가 창간되었다. 이 잡지도 〈해방자〉처럼 노예 해방을 주장하는 잡지였다. 이 잡지에 1851년 6월부터 굉장한 소설 한 편이 연재되기 시작했다. 해리엇 비처 스토 부인이 쓴, 그 유명한 《엉클 톰스 캐빈》이다.

주인공인 톰슨이 마음씨 좋은 백인 셀비 밑에서 행복하게 살다가,

경제적인 어려움 때문에 다른 곳으로 팔려갔다. 인간적인 백인도 있었지만 결국은 악한 농장주 밑에서 죽고 말았다. 죽기 직전 톰을 되찾으러 왔던 셀비의 아들은 톰의 죽음을 계기로 자기 집의 노예들을 해방시켜주었다. 이 소설은 당시 대륙에서 학대를 받으면서 죽지 못해 사는 흑인들의 생활을 사실적으로 잘 표현하고 있었다. 그래서 수많은 사람들이 이 소설을 읽고 울음을 터뜨리고 분노했다.

"그렇다. 백인들은 엄청난 죄를 짓고 있다."

"흑인 노예들에게 어서 자유를 주어야 한다."

"뜻있는 백인들도 나서서 싸우지 않으면 안 된다."

이런 소리는 각처에서 물밀 듯 일어났다. 소설 하나가 엄청난 파문을 일으킨 것이었다.

《엉클 톰스 캐빈》은 나중에 한 권의 책으로 만들어졌는데, 펴내고 또 펴내어도 그때마다 불타나게 팔렸다. 이 소설은 수많은 사람들의 가슴속에 형언할 수 없는 감동을 주었다. 그리고 마침내 불쌍한 노예들을 해방하라는 외침이 대륙에서 불길처럼 일어나도록 만들었다.

이처럼 노예제도를 반대하는 운동이 도처에서 일어나자, 남부 사람들도 여기에 맞서 끝내 무기를 들고 일어났다. 드디어 대륙의 여기저기에서 같은 국민끼리 피를 흘리는 싸움이 시작된 것이다.

1854년, 휘그당은 마침내 '공화당'이라고 당의 이름을 바꾸고 나서, 노예 해방을 위해 본격적으로 민주당과 싸울 채비를 갖추었다.

그것은 마치 전투에 앞서 병사들이 무기를 손질하는 일과 다름이 없었다.

두말할 것 없이 링컨은 공화당 지도자의 한 사람이 되었다.

'드디어 때가 왔구나.'

그는 조용히 소리쳤다.

'하나님께서 나를 부르시는 소리가 들린다.'

그는 공화당이 만들어지는 대회장에서 앞으로 당이 해나갈 일을 분명히 밝히는 연설을 했다.

여러분, 앞으로 우리는 노예제도에 대해 죽기를 각오하고 반대의 싸움을 벌여야 합니다. 우리는 더 이상 그냥 두고 보아서는 안 됩니다. 이 싸움은 우리 공화당의 운명이 걸린 것일 뿐만 아니라 우리 미합중국 전체의 운명이 걸린 일입니다. 적어도 하나님을 믿고 사는 우리로서는 그런 사실을 조금도 간과할 수 없습니다. 자, 이제부터 시작입니다.

링컨의 이 연설이 얼마나 감명 깊었던지, 취재하러 온 신문 기자들이 넋을 잃고서 듣다가 그 연설 내용을 제대로 글로 옮기지 못했을 정도였다.

그때까지 에이브러햄 링컨의 이름은 일리노이 주 밖으로는 잘 알려져 있지 않았다. 그러다가 그의 연설 내용이 많은 사람들의 입에 오르내리면서 그의 명성은 점점 더 높아졌다. 그는 여러 곳에 초청을 받아 연설을 했다.

지금 노예문제 때문에 남부와 북부가 서로 맞서고 있습니다. 이러다가는 걷잡을 수 없는 무서운 전쟁이 일어나고 말 것입니다. 그렇게 되면 아비가 자식을 죽이고, 남편이 아내를 죽이고, 형이 동생을 죽여 피를 흘리는 사태가 벌어지게 됩니다. 그러므로 우리 미합중국의 국민 모두는 노예제도가 하나님 앞에서 가장 큰 죄악인 것을 깨닫고 서로가 평화롭게 이 문제를 해결해야 할 것입니다. 여러분, 어떠한 이유에서도 노예제도를 허락해서는 안 됩니다. 흑인들도 우리와 똑같은 자유와 권리를 누리는 국민이 되어야만 우리 나라가 번영할 수 있을 것입니다.

또 이런 연설도 했다.

우리 합중국을 하나의 배에 비유해봅시다. 지금 이 배는 암초에 부딪치려 하고 있습니다. 만약 배가 깨어지면 우리 국민은 모두가 물에 빠져 죽거나 표류하게 될 것입니다. 우리는 이 배를 평화의 항구까지 안전하게 인도해야 합니다.

1858년에 스프링필드에서 열린 일리노이 주의 공화당 전당대회에서 링컨은 상원의원 후보자로 지명되었다. 경쟁자는 민주당의 더글러스였다. 링컨은 1855년에 처음으로 상원의원에 입후보했다가 낙선했다.

더글러스는 링컨과는 모든 면에서 반대되는 사람이었다. 링컨은 공화당이었으나 더글러스는 민주당이었다. 링컨은 노예제도를 반대했으나 더글러스는 노예제도를 찬성했다. 링컨은 키다리였으나 더글러스는 땅딸보였다. 링컨은 가난했으나 더글러스는 부자였다. 그러나 둘은 공통점도 있었다. 둘 다 훌륭한 정치가라는 것이다.

링컨이 하원 생활을 마치고 잠시 지방에서 지내는 동안에도 더글러스는 벌써 상원의원으로 눈부시게 활약했고, 이전에는 고등법원의 판사까지도 지냈다. 다음번 대통령 선거에는 틀림없이 민주당의 후보로 지명을 받을 것이라는 소문까지 자자했던 인물이었다.

링컨은 상원의원의 후보로 지명을 받고 나서 다음과 같이 연설했다.

노예제도는 절대적으로 사라져야 합니다. 그것은 짐승 사회에도 없는 악행이기 때문입니다. 여러분, 한 집에서 같은 형제가 어찌 한 사람은 주인이 되고 한 사람은 노예가 될 수 있겠습니까! 어떤 모양이든 한 집이 둘로 갈라지면 그 집은 망하고 맙니다. 그런데 지금 우리 미합중국이 그런 모습입니다. 자유인과 노예로 절반씩 갈라진다면 어찌 망하지 않을 수 있겠습니까!

더글러스도 시카고에서 선거 연설로 링컨과 맞섰다.

노예를 갖는 것은 국민의 자유입니다. 그리고 지난 수십 년 동안 우리 미합중국에서 아무 문제 없이 지속되어온 제도인데, 왜 앞으로 계속될 수 없단 말입니까! 노예제도를 그만 두라는 것은 우리의 재산을 버리라는 것과 같습니다. 우리는 끝까지 우리의 권리를 지키지 않으면 안 됩니다.

여러분, 노예제도를 반대하는 편의 사람들은 하나님께서 백인과 흑인을 똑같이 만들었다고 주장하고 있는데, 그것은 참으로 엉터리 주장이 아닐 수 없습니다. 백인은 피부가 희고, 흑인은 피부가 검은데 어떻게 똑같이 만들어졌다고 말할 수 있겠습니까!

그해 여름이었다. 링컨은 더글러스에게 합동 연설회를 열자고 요청했다. 더글러스는 처음엔 망설였지만 링컨의 요청을 받아들였다. 그래서 모처럼 두 후보 간에 합동 연설회가 열리게 되었다.

"같은 날 같은 장소에서 두 사람이 함께 연설을 한대."

"그것 참 들을 만하겠는걸."

가는 곳마다 사람들은 합동 연설회를 화제로 이야기꽃을 피웠고, 신문마다 큰 활자로 이 사실을 요란스럽게 알렸다. 양쪽 편은 서로 의논해 8월 21일에 오타와에서 합동 연설회를 하기로 정했다.

그날이 열차는 두 차례에 걸쳐 수많은 청중들을 오타와로 실어 날랐다. 그밖에도 몇 천 명이나 되는 사람들이 걷거나 말이나 마차를 타고 몰려들었다.

오후 2시 정각, 예정된 시간이 되자 더글러스는 민주당 사람들과 함께 네 마리의 말이 끄는 호화로운 마차를 타고서 의기양양하게 연설장에 도착했다. 그러자 그를 지지하는 사람들이 일제히 일어나 손을 쳐들고 흔들면서 구호를 외쳐댔다.

"미합중국은 민주당 힘으로!"

"민주당 주인은 더글러스."

"더글러스를 밀어주자!"

그런 사이에 링컨도 연설장에 도착했다. 그런데 링컨은 더글러스의 행차에 비해 너무나 초라했다. 예전 개척자들이 사용했던 낡은 마차를 타고 몇 명의 공화당 사람들과 함께 조용히 나타났다.

먼저 링컨이 연단 위로 올랐다.

여러분, 하나님은 흑인도 백인과 똑같은 자유를 가지고 권리를 누리면서 살도록 만드셨습니다. 그래서 모든 사람은 하나님 앞에서 다 평등합니다. 적어도 합중국 사람이라면 누구라도 이 나라에서 노예로 살아서는 안 됩니다. 왜냐하면 우리 합중국은 하나님께서 친히 세운 나라이기 때문입니다.

링컨의 연설은 불을 토하는 듯 했다. 더글러스도 이어 지지 않고 열을 올렸다.

합중국의 국민은 자유 시민입니다. 그러기에 우리에게는 노예를 소유할 수 있는 자유도 있는 것입니다.

이튿날 공화당 계통의 신문은 링컨의 연설을 청중의 3분 2가 찬성했다고 썼다. 그러나 반대로 민주당 계통의 신문은 더글러스가 연설에서 대승리를 거두었다고 보도했다. 이처럼 불붙는 선거운동을 계

속 벌였으나 링컨은 이 선거에서 쓴잔을 마시고 말았다. 그때까지도 링컨의 주장을 이해하는 사람이 적었던 것이다.

하지만 이 선거를 통해 링컨은 그만큼 널리 알려졌고, 노예제도가 왜 나쁜가를 많은 사람들에게 인식시키는 수확도 거두었다. 링컨은 비록 낙선했지만 하나님께서 다음 기회를 주실 것을 믿고 조금도 낙심하지 않았다.

그런 중에도 노예문제는 더욱 심각해져 갔다. 스토 부인이 쓴 《엉클 톰스 캐빈》은 계속 화제가 되어 팔려나갔고, 그것이 연극으로 만들어져 상연되자 극장은 연일 초만원을 이루었다. 그러자 화가 난 남부 사람들은 《엉클 톰스 캐빈》을 모아다가 불을 질렀다. 그래도 그 소설의 감화는 시간이 지날수록 사람들의 가슴에 더욱 진하게 새겨졌다.

링컨의 아버지인 토머스 링컨은 1851년 1월에 세상을 떠났다. 그때 그의 나이 일흔다섯 살이었다. 링컨은 아버지의 병이 날로 깊어가고 있다는 소식을 듣고서도 편지만 띄웠을 뿐 장례식에도 참석하지 못하고 말았다. 링컨은 이미 미합중국을 위해, 바른 정의 정치를 실현하기 위해 바삐 움직이는 공인이 되어 있었다.

마침내 대통령이 되어

아버지가 세상을 떠난 후로 링컨은 어머니가 생활할 수 있도록 계속해 생활비를 보냈다. 비록 새어머니였지만 친어머니보다도 더 아끼고 보살펴주었던 그녀의 사랑을 링컨은 평생 잊지 않았다.

1860년이 밝아 왔다. 4년마다 돌아오는 대통령 선거를 치르는 해였다. 그해 2월, 링컨은 뉴욕시에 있는 공화당 청년회 연맹으로부터 연설을 해달라는 초청을 받았다. 링컨은 기쁜 마음으로 허락하고 이틀이나 걸려 뉴욕에 도착했다.

그가 연설회 장소에 이르자 강당은 벌써 수천 명의 사람들로 가득 차 있었다. 대부분의 사람들은 링컨이 어떤 사람인가를 알아보기 위해 모여든 사람들이 대부분이었다.

링컨은 우레 같은 박수를 받으며 천천히 단상으로 올라갔다. 그리고 청중을 한 차례 둘러본 후에 입을 열었다.

여러분, 사람이 사람답게 살 수 있는 권리는 헌법에 앞서 하나님께
서 모든 사람에게 동일하게 주신 것입니다. 그러므로 우리 공화당
이 주장하고 있는 노예제도 반대운동은 하나님의 뜻과 꼭 맞는 운
동인 것입니다.

지금 남부에서는 우리 공화당이 나라를 갈라놓으려고 분별없는
행동을 한다며 비난하고 있지만 그것은 터무니없는 소리입니다.
폭력 없이 평화적인 방법으로 노예문제를 해결해가자는 것이 우
리 공화당의 목표이기 때문입니다.

우리의 주장이 옳다고 믿는다면 우리는 이 주장에 대해 끝까지 책
임을 져야 할 필요가 있습니다. 그리고 이 책임은 바로 하나님께서
우리에게 맡겨주신 것임을 알아야 합니다.

청중들은 마치 물을 끼얹은 듯 조용히 숨소리까지 죽이면서 그
의 연설에 귀를 기울였다. 링컨의 목소리는 점점 더 힘차게 울려
퍼졌다.

우리는 인류의 평화를 위해서도 반드시 노예제도를 없애야 합니
다. 이 악한 제도야말로 인류의 적이기 때문입니다. 그런데 이처럼
인류의 적이 되는 노예제도를 하필 우리 합중국에서만 고집하고
있으니, 이 얼마나 통분할 일입니까!

우리는 우리의 조국을 위해서도 형제끼리 서로 죽이는 싸움을 피

166

하면서 이 문제를 시급히 해결해야 합니다. 이 일은 아무리 어렵더라도 우리가 마땅히 해야 할 것이기 때문에 절대로 팽개쳐버려서는 안 됩니다.

나는 오늘 여기서 분명히 밝혀둡니다. 우리 공화당은 하나님의 숭고한 뜻을 받들어 기필코 노예제도를 없애는 일을 달성하고야 말 것입니다. 그러니 여러분은 똘똘 뭉쳐 우리를 밀어주시기 바랍니다. 우리 모두는 하나님께서 이 땅에 보낸 평화의 사도인 것을 잠시라도 잊지 맙시다.

링컨의 연설이 끝나자 청중들은 일제히 일어나 장내가 떠나가도록 박수를 쳤다.

"정말 대단한 사람이야."

"저만 하면 대통령이 될 수도 있겠는걸."

사람들은 링컨의 연설에 감탄하면서 입을 모아 그렇게 말했다.

이튿날 신문들은 일제히 링컨의 연설을 그대로 실어 합중국 방방곡곡으로 보냈다. 링컨의 사명은 처음부터 이것이었다. 그리고 그 사명을 위해 끝까지 자기 한 몸을 다 바쳤다. 일찍이 뉴올리언스에서 노예시장의 참혹한 광경을 본 이래로 흑인들에게도 자유를 주자는 것이 그의 일관된 신념이었다.

흔히 링컨 하면 가난한 집에서 태어나 정규교육을 받지 못했는데도 불구하고 마침내는 대통령의 자리에까지 올랐다는 것만 생각한다. 그러나 그가 훌륭한 사람으로 평가받는 것은 그것보다도 자기 일생을 노예 해방에 다 바쳤다는 데에 있다. 그는 참으로 하나님이 노예 해방을 위해 보낸 사람이었다.

링컨은 뉴욕을 떠나기에 앞서 가난한 집 아이들을 위해 세워진 학교를 방문했다. 아이들은 100여 명쯤 되었는데, 모두가 얼굴이 창백해 보였고 너절한 옷에다 어떤 아이는 신발조차 없어 맨발이었다.

"링컨 선생님, 모처럼 저희 학교에 오셨으니 이 아이들을 위해 좋은 말씀 한마디 들려주십시오."

교장 선생님이 링컨에게 이렇게 청하자 그는 서슴없이 아이들 앞으로 나아갔다. 그는 아이들의 머리를 일일이 한 번씩 쓰다듬어 주고 나서 말했다.

"나도 여러분처럼 가난한 집에서 태어나 자랐습니다. 그래서 여러분처럼 잘 먹지 못하고 헐벗으면서 살았지요. 그런 어려움 속에서도 큰 희망을 품고 꿋꿋하게 견뎠답니다."

링컨도 자기들처럼 가난한 집에서 어렵게 살았다고 말하자 아이들은 눈을 크게 뜨고 그의 얼굴을 뚫어지도록 바라보았다. 저렇게 유명하고 훌륭한 사람이 자신들처럼 가난했다고 하자 믿기 어려운 눈치였다.

"나는 여섯 살적부터 아버지를 따라다니면서 열심히 일을 배웠습니다. 괭이로 땅도 파고, 나무도 하고, 닥치는 대로 힘든 일들을 배웠습니다. 그렇지만 그런 생활 속에서도 틈틈이 책들을 빌려다가 읽었습니다. 옛날부터 훌륭한 일을 한 사람들은 거의가 여러분처럼 가난한 집에서 고생하면서 자랐습니다. 그러니 여러분도 실망하지 말고 부지런히 일하면서 공부하기 바랍니다. 그래야 남을 위해 일하는 훌륭한 일꾼이 될 수 있습니다. 그래서 여러분 모두 앞으로 우리 미

국을 짊어지고 나아갈 위대한 사람들이 되기를 바랍니다. 하나님께
서는 반드시 여러분을 그렇게 만들어주실 것입니다."

아이들은 링컨의 말이 진심으로 가슴에 와닿았다. 어떤 여자 선생
님은 그 말에 감동해 울기까지 했다.

그해 5월이었다. 이때 공화당의 전당대회가 시카고에서 열렸는
데, 이 대회에서 링컨은 슈워드, 체이스 같은 쟁쟁한 경쟁자들을 누
르고 공화당의 대통령 후보로 당당하게 결정되었다. 사실 그때만 해
도 링컨은 한 번의 하원의원 경력밖에 없었기 때문에 미합중국 전체
에 널리 알려진 인물은 아니었다. 그렇지만 남다른 불타는 정신이
공화당 안에서 돋보였기 때문에 대통령 후보로까지 지명된 것이다.

링컨이 공화당의 대통령 후보로 결정되자 장내는 기쁨과 놀라움
과 흥분으로 들썩거렸다.

"합중국 만세."

"공화당 만세."

"에이브러햄 링컨 만세!"

그 소식은 재빨리 스프링필드에 알려지게 되었다. 그곳 거리는 밤
새도록 축제가 열렸다.

드디어 대통령 선거전의 막이 올랐다. 후보 경쟁에서 링컨에게 패
배했던 슈워드와 체이스도 링컨을 응원하고 나섰다. 공화당은 질서
있고 단결된 모습으로 선거전을 펼쳤다.

그러나 이때 민주당은 집안싸움으로 엉망이었다. 대통령 후보를 지명하는 전당대회에서 노예문제로 대립해 혼란에 빠져 있었던 것이다. 노예문제를 가볍게 다루자는 북부의 민주당은 더글러스를 내세웠고, 반대로 강력하게 다루자는 남부의 민주당은 브렉킨릿지를 내세웠다. 그러자 중간파에서는 여기저기에도 치우치지 말자며 존 벨을 내세웠다. 민주당은 깨진 거울처럼 조각나버렸던 것이다.

민주당이 이렇게 집안싸움을 하고 있는 동안 공화당에서는 링컨을 알리는 선전 간판을 각처에다 세우고, 그의 전기를 책으로 만들어 사방으로 날랐다. 그리고 여러 연사들이 나서서 방방곡곡에서 연설회를 열었다.

여기에 대항한답시고 민주당의 더글러스는 링컨을 비난하고 모독하는 말을 퍼뜨리느라고 열을 올렸다.

"링컨은 도무지 시원스럽지 못한 시골뜨기입니다. 생김새도 원숭이같이 꼴불견이기 때문에 한 나라를 짊어질 대통령으로는 어림도 없는 사람입니다."

하지만 이런 비난은 도리어 자기를 깎아내리고, 사람들의 마음을 링컨에게로 돌리도록 만들었다. 링컨은 그런 어처구니없는 비난을 들으면서도 상대방을 헐뜯지 않고 신사적으로 자기의 신념만을 열심히 전했기 때문이다.

투표는 11월에 있었는데, 9월과 10월은 선거전의 막바지답게 불꽃 튀는 싸움이 벌어졌다. 각 도시의 거리에서는 수많은 당원들이 링컨의 초상을 들고서 행진했다. 그리고 밤에는 횃불 행렬을 하면서 '링컨'을 외쳤다.

그 무렵에 링컨에게는 전국 각처에서 보내온 격려의 편지가 산더미처럼 쌓였다. 한결같이 합중국의 앞날을 잘 맡아서 이끌어달라는 내용이었다. 그 많은 편지 가운데 링컨의 마음을 가장 기쁘게 해준 것은 뉴욕에 살고 있는 소녀가 보낸 편지였다.

링컨 아저씨께.
저는 열한 살 먹은 그레이스 베델입니다. 어제 아버지께서 링컨 아저씨의 사진을 가져오셨어요. 저는 그 사진을 바라보면서 아저씨가 꼭 대통령에 당선되게 해달라고 하나님께 기도를 드렸지요. 그런데 동네 아주머니들이 아저씨의 얼굴이 광대뼈가 나오고 뾰족해서 못 생겼대요. 그러니 아저씨, 수염을 기르는 건 어떨까요? 수염을 기르면 좀 더 부드러운 인상을 줄 거예요. 그러면 아마 아주머니들이 남편에게 아저씨한테 투표하라고 말할 거예요.
꼭 당선되도록 계속 기도할게요. 그럼 안녕.

이 편지를 받고 링컨은 마음이 유쾌해졌다. 그는 즉시 답장을 썼다.

친애하는 베델 양.
너의 편지를 받고 무척 기뻤단다. 나에게는 너 같은 딸이 없어. 우리 가족은 모두 여섯인데, 여자는 어머니와 아내밖에 없고 모두 남자들이지. 나에게 수염을 기르라고 충고해주니 정말 고맙구나. 네 말대로 지금부터 수염을 길러볼 작정이란다. 그럼 또 편지해주기 바란다.

정말 이때부터 링컨은 수염을 기르기 시작했다. 어린아이의 말에 귀를 기울인 결과, 그 수염은 평생 링컨의 트레이드마크가 되었다.

그해 11월 6일, 마침내 선거 날이 되었다. 링컨은 가족과 함께 일찌감치 투표를 마치고 집으로 돌아와서 아이들과 뜰에서 공차기를 하면서 놀았다. 저녁을 먹고 나서야 그는 전신국으로 가서 초조한 마음으로 개표 결과를 지켜보기 시작했다.

짐작한 대로 남부 지방에서는 링컨의 표가 많이 나오지 않았다. 그러나 북부 지방에서 월등하게 많은 표가 쏟아졌다. 북부 지방의 개표를 보고 링컨은 안도의 한숨을 내쉬었다. 새벽 1시. 기다리던 개표 결과가 나왔다.

"링컨, 당선!"

"만세, 만세. 링컨 대통령 만세!"

전신국 앞에서 개표 결과를 기다리고 섰던 많은 사람들은 링컨의 당선이 확정되자 온통 떠나갈 듯 환호성을 울렸다. 통나무집에서 태어난 시골아이가 마침내 미합중국의 16대 대통령이 되었던 것이다.

링컨 186만 6,452표.

더글러스 137만 6,957표.

브렉킨릿지 84만 7,953표.

존벨 59만 631표.

그러나 링컨이 당선되자 남부 사람들은 일제히 들고 일어났다. 링컨의 노예정책에 대한 그들의 불만이 화산처럼 폭발한 것이었다.

"우리는 절대로 링컨을 따르지 않을 것이다."

"이번 선거 결과를 무효화시키지 않으면 우리 남부는 이 기회에 독립국가를 만들고 말겠다."

"링컨은 물러서고 선거를 다시 해서 다른 대통령을 세워야 한다."

남부의 내부적인 갈등이 링컨의 당선과 함께 터지고 만 것이다. 그렇다고 정당한 투표를 통해 치른 대통령 선거를 무효화시킬 수도 없는 일이었다. 합중국의 운명은 마치 낭떠러지에 선 것만 같았다.

아니나 다를까 링컨이 대통령에 당선된 지 열흘 만에 사우스캐롤라이나 주가 독립을 선언하고 합중국에서 탈퇴해버렸다. 그러자 곧 이어 조지아, 앨라배마, 미시시피, 루이지애나, 플로리다, 텍사스 등 여러 주가 연방에서 탈퇴하고 사우스캐롤라이나 주와 함께 따로 나라를 세웠다. 그런 다음 초대 대통령으로 자기들끼리 제퍼슨 데이비스를 뽑았다. 이렇게 함으로써 미합중국은 끝내 남북으로 갈라지고 말았다.

링컨의 취임식은 이듬해 3월이었기 때문에 아직 3개월이라는 기간이 남아 있었다. 그런데 그 사이에 남북이 갈라지는 불행한 사태가 벌어진 것이다. 아직 정식으로 대통령 자리에 취임하지 못한 링컨으로서는 어떤 대책도 마련할 수 없으니, 참으로 난감한 노릇이었다. 게다가 당시 대통령인 제임스 뷰캐넌은 아무런 대책도 세우지 않고 남의 집 불구경 하듯 했다.

링컨은 지금 자신의 위치에서 모든 것을 동원해 이리 뛰고 저리 뛰면서 분열을 막아보려고 애썼다. 하지만 모두가 헛일이었다.

'이러다가 전쟁이 일어나면 어떻게 해야 할까!'

이런 생각이 들자 링컨은 정신이 아찔해지기까지 했다. 그는 고민 가운데는 새 정부의 각 부 장관들을 정하고 많은 사람들의 의견을 들으면서 앞으로 해야 할 일들을 계획하느라 밤잠도 잘 시간이 없었다.

그 와중에도 자기 직업을 구해 달라거나 이혼 문제를 해결해 달라고 하는 등의 별별 문제들을 가지고 찾아오는 사람들이 많았기 때문에, 링컨은 무척 바쁜 시간을 보내야만 했다.

감격의 취임식

　　링컨은 미합중국이 남북으로 갈라진 사실에
가슴 아팠다. 그는 해결의 실마리를 찾느라 잠도 이룰 수 없었다. 남
북이 갈라지는 것은 합중국의 미래를 더욱 어둡게 만드는 일이기 때
문에 반드시 극복해야 할 문제라고 생각했다. 그는 취임식을 위해
곧 스프링필드를 떠나 워싱턴으로 가야 했다.

　그는 가장 먼저 찰스턴에 살고 있는 새어머니를 찾아가 작별 인사를
했다. 그는 벌써 여든 살이 다 된 어머니를 꼭 껴안으면서 말했다.

　"어머니, 부디 몸조심 하세요. 저는 하나님이 지켜주시니까 염려하
지 마시고요. 임기를 마치면 다시 돌아와서 어머니를 모시겠습니다."

　늙은 어머니는 눈물을 글썽이면서 대답했다.

　"오냐, 아무쪼록 실수 없이 나라 일을 잘하길 바란다."

　링컨은 이번에는 오랫동안 함께 법률사무소를 경영했던 헌던과

도 작별을 고했다. 그는 사무실을 떠나면서 '링컨 · 헌던 법률사무소'라고 쓰인 간판을 쳐다보았다. 긴 세월의 자국처럼 낡아서 글자도 제대로 알아보기 어려웠지만, 링컨은 지금의 자신이 있게 된 밑거름이 되었던 그 사무실의 간판을 잊을 수 없을 것 같았다.

링컨이 헌던에게 말했다.

"이 간판은 떼지 말고 그냥 두게나. 내가 임기를 마치고 나면 다시 돌아와서 자네와 함께 일을 계속 할테니 말일세."

링컨의 말에 헌던은 참았던 울음을 터뜨리고 말았다. 헌던에게 지난 시간이 영화처럼 지나갔다. 그는 비록 링컨의 아내 메리와는 성격이 맞지 않아서 불편하게 지내왔지만 링컨의 인격을 늘 존경하고 있던 터였다. 링컨을 떠나보내야 한다는 아쉬움과 지난 세월을 소중히 여기는 링컨의 말이 그를 울리고 말았다.

1861년 2월 11일. 링컨은 가족과 함께 친구들의 배웅을 받으며 마차를 타고 역으로 갔다. 비가 주룩주룩 내리는 궂은 날씨에도 불구하고 역에는 벌써 수많은 사람들이 그를 전송하기 위해 나와 있었다. 그는 기차에 오르기 전에 먼저 전송 나온 사람들을 향해 인사말을 했다.

저는 이제 취임식에 가기 위해 정든 여러분과 작별하게 되었습니다. 한 나라의 대통령이 된다는 것은 참으로 자랑스러운 일입니다.

그러나 저는 지금 솔직히 기쁨보다 걱정이 앞섭니다. 지금 워싱턴에 있는 대통령 자리는 매우 어렵고 힘든 일들을 안고 저를 기다리기 때문입니다.

저는 임기를 마치고 이곳, 따뜻한 여러분의 곁으로 다시 돌아와 예전보다 더 정답게 살고 싶습니다. 하지만 제가 바라는 대로 무사히 돌아올 수 있을는지는 알 수 없습니다. 다만 지금까지 저를 돌봐주시고 지켜주신 하나님께서 앞으로도 잘 인도해주신다면 저는 틀림없이 모든 일을 잘 마치고 돌아올 수 있을 것이라고 믿습니다.

저는 저와 함께 계시고 또 여러분과 함께 계시며 어디에나 영원히 살아 계시는 하나님을 믿기에, 모든 일들이 정의롭게 진행될 것을 믿습니다. 저는 우리 합중국을 하나님의 손에 맡깁니다. 그리고 여러분을 하나님의 손에 맡깁니다. 여러분도 저를 위해 기도해주시기 바랍니다. 저는 목숨을 다하는 그날까지 우리 미합중국의 번영과 발전을 위해 제 몸을 다 바칠 것입니다. 그럼 다시 만날 그날까지 안녕히 계십시오.

링컨은 스프링필드로 다시 돌아와서 정겨운 사람들과 더불어 살기를 원했다. 하지만 이것이 스프링필드와의 마지막 작별이 될 줄을 누가 알았겠는가! 그날 주룩주룩 내리던 비는 하늘이 이것을 먼저 알고 흐느껴 운 것인지도 모를 일이다.

사람들은 링컨의 작별인사를 듣고 눈물을 흘리면서 손을 흔들었다. 링컨이 오르자 기차는 천천히 움직이기 시작하더니 곧 속력을 내어 달렸다. 스프링필드를 출발한 지 일주일이나 지나서야 필라델피아에 도착했다. 그동안 거쳐 온 역마다 구름떼처럼 사람들이 몰려들었고, 그때마다 링컨은 그들을 향해 연설했기 때문에 더 많은 시간이 걸렸던 것이다.

링컨은 한 사람에게라도 더 자기의 생각을 들려주기 위해 피곤을 무릅쓰고 열심히 연설했다.

우리 합중국이 남북으로 갈라지게 된 것은 참으로 불행한 일입니다. 그렇다고 그냥 앉아서 낙심만 하고 있어서야 되겠습니까! 앞으로 더 불행한 일은 절대로 없어야 합니다. 그뿐만 아니라 우리 나라는 합중국답게 하루 빨리 남북이 하나로 뭉쳐야 합니다.

이 일은 이제 우리 손에 달려 있습니다. 저는 이 일을 위해 제 몸을 다 바칠 생각입니다. 그러니 여러분도 끊임없이 저를 위해 기도해 주십시오. 그러면 하나님께서는 우리의 소원을 반드시 들어주실 것입니다.

링컨이 이처럼 힘주어 말할 때마다 사람들은 박수갈채를 보내며 환호해주었다.

"당신은 우리의 희망입니다."

"부디 힘써주십시오."

"미국 대통령, 링컨 만세."

필라델피아는 워싱턴이 독립전쟁을 지휘하던 중심지였고, 여기에서 독립선언서가 서명되고 발표되었기에 링컨은 그곳에 도착하자 감회가 더욱 깊었다. 링컨은 필라델피아도 많은 사람들의 환영을 받았다. 그는 독립기념관으로 몰려 든 사람들 앞에서 또다시 힘주어 말했다.

지금 우리는 미합중국 건국 이래 사느냐 죽느냐 하는 가장 중대한 갈림길에 놓여 있습니다. 하지만 살고 죽는 문제는 우리의 선택에 달려 있습니다. 그러기에 우리는 어느 때보다도 더욱 하나로 뭉쳐야 할 필요가 있습니다.

사랑하는 여러분, 이곳 필라델피아는 우리 미합중국이 탄생한 곳입니다. 그러니 여러분 그때의 정신으로 돌아가서 다시 한 번 나라를 만드는 일에 힘을 뭉치도록 합시다. 그러면 하나님께서는 분명히 우리 합중국을 다시 일으켜주실 것입니다.

링컨은 그야말로 나라를 구해야겠다는 일념으로만 불타고 있었다.

그날 밤, 링컨을 경호하던 세 사람이 긴장된 어조로 이야기했다.

"이보게들, 더욱 긴장해야겠어."

"왜 그러는데?"

"긴급하게 들어온 정보가 있어. 대통령이 워싱턴에 도착하기 전에 암살하려 한다는 정보가 들어왔어. 지금 남부 사람들이 일을 꾸민다는군."

"그게 정말인가?"

"확실해. 그러니 경계를 철저히 해서 음모를 막아내지 않으면 안 돼."

그들의 얼굴에 검은 그림자가 뒤덮였다. 그렇지 않아도 링컨을 반대하던 남부 사람들이 어떤 일을 꾸밀지 몰라 철저히 경계하던 터였다. 그런데 막상 그런 정보를 듣고 나자 더 긴장할 수밖에 없었다. 경호원 세 사람은 조용히 말을 이었다.

"이곳 필라델피아와 워싱턴 사이에서 일을 벌이려 하겠군."

"그 중간이면 볼티모어가 틀림없어. 우리 일행이 그곳을 거쳐 갈 예정이란 것은 이미 누구나 알고 있지 않은가."

"틀림없이 볼티모어야. 그러니 그냥 지나쳐야겠어. 그곳에 가면 음모자들에게 대통령을 암살할 기회를 만들어주는 일밖에 안 돼."

"그렇다면 아무에게도 알리지 말고 이곳에서 내일 새벽에 곧장 워싱턴으로 가는 수밖에 없군."

"좋아. 그렇게 하기로 하지. 자, 절대 비밀이야."

"내일 새벽 시간에 이곳을 속히 빠져나가자구. 어디서도 머물지 말고 곧장 워싱턴으로."

본래는 볼티모어도 중간 기착지로 예정되어 있었다. 그러나 심상치 않은 정보가 날아 들어오는 바람에 취소되고 말았다.

그때 누가 어떤 방법으로 대통령을 암살하려고 했는지 자세히 알려진 바는 없다. 그러나 당시 상황을 볼 때 그런 일은 얼마든지 일어날 수 있었던 일이었다. 링컨 일행은 아직 날이 밝기도 전에 필라델피아를 떠나 그대로 워싱턴으로 향했다.

1861년 3월 4일. 드디어 대통령 취임식이 거행되었다. 그날따라 유난히 맑은 날씨에 상쾌한 바람까지 불고 있었다. 경찰들이 총동원 되고 거리마다 삼엄한 경계를 폈지만 구름떼처럼 밀려드는 사람들의 질서를 잡기란 여간 힘든 일이 아니었다.

시간이 되자 링컨은 묵고 있던 호텔에서 나와 뷰캐넌 대통령과 함께 나란히 마차를 타고 의사당으로 향했다. 거리에 쏟아져 나와 있던 사람들은 마차가 나타나자 일제히 손을 흔들면서 외쳐대었다.

"합중국 만세! 민주주의 만세! 링컨 대통령 만세!"

링컨도 그들을 향해 계속 손을 들어 인사해주었다. 취임식장은 의사당의 동쪽 광장에 마련되어 있었다. 식장 중앙에는 이제 대통령직을 이양할 뷰캐넌과 새로 취임할 링컨이 나란히 앉았다. 그 뒤로는 정부의 각 장관들과 삼부 요인들 그리고 국회의원들이 빙 둘러 자리를 잡았으며, 그 앞으로는 곧 선서를 받을 대법원장과 판사들이 자리에 앉아 있었다. 물론 링컨의 부인 메리와 아들들도 맨 앞자리에 앉았다.

링컨은 갓 맞춘 새 양복에다 하얀 와이셔츠를 받쳐 입고 윤기 나는 새 구두를 신고 있었다. 이곳 워싱턴에 도착해서야 부랴부랴 맞춘 것들이었다. 링컨은 금장식이 붙어 있는 단장을 들었다.

대법원장 앞에 나가서 선서할 차례가 되었다. 링컨은 곧 단상으로 올랐다. 그러다가 그는 벗은 모자와 손에 든 단장을 어디에다 놓을지 몰라서 잠시 두리번거렸다.

이때 마침 곁에 서 있던 민주당 상원의원 더글러스가 재빨리 링컨의 손에서 그것들을 받아들었다. 그리고 취임식이 끝날 때까지 그는 그것들을 두 손으로 들고 서 있었다.

몇 달 전만 해도 두 사람은 서로 대통령이 되기 위해 다투던 사이였다. 심지어 선거운동 기간에 더글러스는 링컨을 '꼴불견 원숭이'라고까지 비난했다. 그런데 지금 두 사람의 처지는 비교할 수도 없을 만큼 큰 차이가 났다. 그 광경을 지켜보고 있던 사람들은 모두가 웃음을 참지 못했다.

링컨은 대법원장이 내미는 성경 위에 손을 얹고 하나님과 국민 앞에서 대통령으로서의 책임을 다할 것을 선서했다.

다음은 취임 연설을 할 차례였다. 링컨은 호주머니에서 미리 준비해 온 원고를 꺼내어 펼쳤다. 그리고 천천히 입을 열었다.

친애하는 합중국의 국민 여러분, 나는 우리 미합중국을 위해 훌륭하고도 빛나는 계획을 가지고 있습니다. 저는 이 계획을 오직 우리 국민을 위해 반드시 실천할 것을 굳게 약속드립니다.

장내는 숨소리 하나 들리지 않았다. 링컨은 이어서 말했다.

여러분, 무엇보다도 중요한 문제는 그동안 노예제도에 대해 서로 다른 주장들을 펴왔다는 것입니다. 모두가 다 알고 있듯이 저는 노예제도를 반대해 온 사람입니다. 그러나 저는 무엇보다 우리 미합중국의 화목과 평화를 원하고 있기에 노예제도를 찬성하고 있는 남부의 여러 주들에 대해 강제로 간섭할 생각은 전혀 없습니다. 대통령의 간섭보다도 평화가 더 중요하기 때문입니다.

그렇지만 어떤 주라도 자기 마음대로 합중국으로부터 떨어져 나가는 일은 우리 헌법이 허락하고 있지 않기 때문에, 저는 이 기회에 이미 떨어져 나간 남부 사람들을 향해 다시 한 번 깊이 생각하고서 어서 돌아오라고 호소하는 바입니다.

거듭 말하지만 우리는 절대로 나뉘어서는 안 됩니다. 떨어져 나가서도 안 되고 서로 사이에 장벽이 쌓여서도 안 됩니다. 그렇기 때문에 서로 의견이 끝까지 맞지 않더라도 저는 절대로 전쟁을 일으켜 남부를 공격하는 일이 없을 것입니다. 형제 앞에서 먼저 칼을 빼면 반드시 먼저 망하고 만다는 것을 저는 잘 알고 있습니다.

저는 우리 문제를 해결할 길을 알고 있습니다. 우리 모두가 전능하신 하나님께 맡기고 그분의 가르침을 성실하게 따르는 것이 바로 해결책입니다. 사랑하는 남부 형제들이여, 우리는 서로 적이 아니라 친구라는 점을 명심합시다. 서로 의견이 다르더라도 그것 때문에 서로 적이 되어서는 안 됩니다.

현악기의 줄들은 서로 다른 소리를 내지만 모두 함께 조화를 이루어 아름다운 음악을 만들어냅니다. 우리 합중국도 이 현악기의 줄들처럼 조화를 이루어 연합의 아름다운 합창이 우렁차게 울려 퍼지도록 합시다.

취임 연설이 끝나자 곧 우레 같은 박수 물결 속에서 축포 소리가 하늘까지 울려댔다. 이제 켄터키에서 자란 에이브러햄 링컨은 미합중국의 새 대통령이 되었다.

남북전쟁이 터지다

취임식이 끝나고 나서 링컨의 가족은 곧 백악관으로 옮겨갔다. 이런 일을 누구보다도 좋아한 사람은 링컨의 부인인 메리였다. 그녀는 마치 몸에 날개라도 단 듯 가벼운 마음으로 아이들과 함께 백악관의 여기저기를 둘러보며 기뻐서 어쩔 줄 몰라 했다.

남편 링컨 덕분에 백악관의 안주인이 된 메리는 누가 보아도 무엇 하나 부러울 것 없는 여인이었다. 그러나 그녀의 성격을 누구보다도 잘 알고 있던 그녀의 집안사람들은 걱정부터 했다.

"글쎄, 저런 성격을 가지고 백악관 안주인 노릇을 제대로 해낼지 모르겠어."

"이젠 철이 들어야지. 예전처럼 계속 남편을 속상하게 만들면 안 되는 거야."

"어쨌든 자기 복은 자기가 만드는 것이니까, 잘해가겠지."

토드 집안 사람들은 자기중심적으로 살려고만 하는 메리의 성격을 염려했다.

링컨 가족이 백악관으로 옮긴 날 밤이었다. 백악관의 안주인이 된 메리는 자신의 이름으로 정부의 고관들을 위한 축하 파티를 열었다. 링컨은 파티를 무엇보다 싫어했다. 옷차림에 신경을 써야 하는 것도 귀찮았지만 특히 그런 자리에서 하얀 장갑을 껴야 하는 일도 마땅찮았기 때문이다.

그는 어렸을 적부터 도끼를 잡고 일해왔기 때문에 손이 투박했다. 뿐만 아니라 손가락이 남들보다 훨씬 더 굵었다. 그래서 작은 하얀 장갑은 애초부터 잘 낄 수가 없었고, 겨우 꼈다 하더라도 답답해서 견디기가 힘들었다.

그래도 링컨은 그날 밤만은 사양할 수가 없어서 부인 메리가 미리 마련해 놓은 장갑을 끼고 단정한 차림으로 파티에 참석했다. 그런데 얼마 가지 않아 웃지 못할 일이 벌어지고 말았다. 파티에서 옛 친구를 만난 링컨은 반가운 나머지 그의 손을 와락 움켜잡았다. 그러자 그 순간 장갑이 종이처럼 우지직 찢어져버렸다.

"장갑이 너무 작았나 보군요. 하하하."

참석한 사람들은 모두가 웃으면서 그렇게 말했다. 그러자 링컨은 좀 쑥스러워하더니 금방 한 술 더 떠서 사람들을 웃겼다.

"가죽장갑을 미처 마련하지 못해서 이렇게 되었군요."

취임식 이튿날부터 링컨은 집무를 시작했다.

첫날은 링컨이 손수 조직한 내각인 국무회의가 열렸다. 모든 장관들이 한 자리에 빠짐없이 모였다. 그 자리에는 전에 링컨과 맞서 대통령 후보 자리를 놓고서 서로 겨루었던 슈워드와 체이스도 있었다. 링컨은 각료들을 임명할 때 슈워드는 국무부 장관에, 체이스는 재무부 장관 자리에 앉혔다.

정치하는 사람들은 대개 자기가 권력을 잡으면 자기와 맞섰던 정적은 짓밟아버리게 마련이다. 그러나 링컨은 전혀 달랐다. 그는 자기를 적대시했던 사람들을 도리어 중요한 자리에 앉혔다. 후에 사이먼 캐머런이 국방부 장관에서 물러나자 자기를 고약한 말로 모함만 했던 에드윈 스탠턴을 그 자리에 앉혔던 것만 봐도 링컨의 마음이 얼마나 크고 넓은가를 알 수 있다.

한편 링컨이 집무실로 나가서 테이블에 앉았을 때 중대한 내용을 담은 편지 한 통이 그를 기다리고 있었다. 그것은 사우스캐롤라이나 주의 찰스턴 항구 어귀에 있는 섬터 요새의 지휘관 앤더슨 소령으로부터 온 편지였다.

섬터 요새의 식량이 바닥이 나고 있습니다. 또 이 요새를 지키려면 아무래도 수천 명의 지원부대를 보내주셔야 하겠습니다. 만약 이 같은 상태가 계속된다면 요새를 포기하고 물러날 수밖에 없습니다. 물러나라고 명령하시든지, 아니면 식량과 지원부대를 속히 보내주시든지 빨리 결정해주시기 바랍니다.

링컨은 장관들이 모이는 국무회의 자리에 육해군의 장성들까지 불러놓고서 이 문제를 의논했다. 그러나 좀처럼 어떤 결론을 내리기가 어려웠다.

"만일 우리 정부에서 지원부대를 보내면 틀림없이 남부 군사들과 충돌할 것이고, 그렇게 되면 전쟁은 피할 수 없게 되고 맙니다."

"우리는 지금 전혀 전쟁 준비가 되어 있지 않으므로 그 요새에서 물러나야 합니다."

"아닙니다. 그렇다고 그곳을 그냥 넘겨주고 나면 남부는 우리 미합중국을 아주 얕보게 될 것입니다."

이 문제는 좀처럼 해결이 나지 않았다. 그러는 사이, 갈라져 나간 남부 연합국 대표 세 사람이 워싱턴으로 와서 자기들을 독립국으로 인정해줄 것과 합중국 병사들을 섬터 요새에서 하루빨리 철수시킬 것을 요구했다.

링컨은 심각하게 생각하다 결정을 내렸다.

'그렇다. 남부의 요구대로 섬터 요새를 내준다면 합중국의 위신은 땅에 떨어지고 만다. 그러니 서로 충돌할 위험은 많지만 지원부대를 보내는 수밖에 없다.'

섬터 요새는 남북이 서로 대치하고 있는 중요한 곳이었다. 이곳이 뚫리면 북부는 큰 위험에 처할 수밖에 없었다. 대륙의 전체를 합중국으로 보고 있던 링컨으로서는 몇 개 주의 반란에 정부가 무릎을 꿇고서 항복할 수는 없다고 판단했다.

남부의 대표들은 섬터 요새에 지원부대를 보낸다는 결정을 듣고 급히 자기들 정부에 이 사실을 전했다.

그해 4월 12일 새벽, 섬터 요새를 겨냥하고 있던 남부군의 대포들이 마침내 일제히 포문을 열고 공격을 개시했다.

쾅, 쾅, 콰과광!

북부군의 지휘관인 앤더슨 소령은 뜻밖의 공격을 받자 잠시 당황했다. 그러다가 곧 병사들을 격려하면서 반격을 명령하여 맞서 포탄들을 쏘았다. 하지만 섬터 요새의 북부군들은 34시간 밖에 버티지 못했다. 식량과 포탄이 모두 바닥났기 때문이었다. 앤더슨 소령은 어쩔 수 없이 지친 병사들을 이끌고 남부군에게 항복했다.

'남부군 공격 개시'

'섬터 요새 함락'

'북부군 항복'

이런 큼직큼직한 뉴스들이 속속 전해지자 북부 사람들은 모두 깜짝 놀랐다. 흥분을 이기지 못한 사람들은 백악관으로 달려가서 링컨을 지지한다고 아우성을 치기도 했다.

"우리는 링컨 정부를 지지한다."

"빨리 병사들을 모으라."

"이 기회에 남부를 쳐야 한다."

링컨 대통령은 곧 국무회의를 소집했다. 그리고 우선 7만 5천 명의 지원병을 모집하기로 결정했다. 3주일이 지난 후에 4만 2천 명을 더 모집하기로 했고, 그해 7월 1일까지는 모두 31만 명의 병사들이 각처에서 모여들었다.

남부도 즉시 10만 명의 의용군을 모집했다. 그리고 그 후 알칸소, 버지니아, 노스캐롤라이나, 테네시 등 네 개 주가 새로 남부에 가담했다. 이렇게 하여 미국 역사상 가장 참혹한 남북전쟁이 시작되었다.

이 전쟁은 그 후 4년 동안이나 계속되면서 얼마나 많은 피를 흘리게 만들었는지 모른다. 전쟁으로 당시 인구의 3퍼센트에 달하는 103만의 사상자가 발생했다. 남북전쟁은 미국이 지금껏 참여한 모든 전쟁에서의 사망자 수와 맞먹는 죽음을 초래했다. 아버지가 아들을 죽이고, 형이 동생을 죽이는 경우도 있어, 그야말로 내란이 얼마나 참혹한 것인가를 잘 보여주는 전쟁이 되었다.

북부 각처에서는 날마다 연설회, 시민대회, 궐기대회가 열리면서 '성조기'에서 단 하나의 별도 지워지지 않도록 하자고 외쳤고, 여자들은 여자들대로 밤잠을 자지 않고 눈을 비비면서 군복을 만들었다. 성조기에 그려진 13개의 줄은 독립 당시의 주의 숫자를 나타낸 것이었고 별들은 미합중국 전체 주의 숫자를 나타낸 것이었다.

링컨은 괴로웠다.

'아, 나는 평생토록 평화를 원했는데, 하필이면 내가 대통령의 자리에 앉자마자 이런 비참한 전쟁이 터지다니….'

그렇다고 해서 가만히 앉아서 자기 국민이 무참하게 죽어가는 모습을 그냥 보고만 있을 수도 없었다. 여차하면 미합중국 전체가 무너질 위기에 놓여 있었다.

이런 곤경에 빠져 있었으나 국민들은 불평 하나 하지 않고 굳게 뭉쳐 전쟁터로 달려나갔다. 링컨은 국민들의 이런 모습을 통해 큰 용기를 얻었다.

그 가운데 무엇보다도 링컨을 감동시킨 일이 있었다. 오랫동안 정적으로서 링컨과 싸워왔던 민주당 상원의원인 더글러스가 찾아와서 링컨에게 충성을 다하겠다고 약속한 것이다.

"대통령 각하, 나와 우리 민주당은 대통령과 힘을 합하여 남부 사람들로부터 우리 미합중국을 구해내는 일에 몸과 마음을 다 바칠 것을 맹세합니다."

이때 링컨은 너무나 감격하여 눈물을 흘리면서 감사했다.

"오, 더글러스 의원, 감사합니다. 정말 감사합니다. 그저 감사하다는 말밖에 나오지 않습니다."

더글러스는 전 국민 앞에 다음과 같은 성명을 발표하기도 했다.

나는 합중국의 통일을 위하여 목숨을 바칠 각오이다. 나는 링컨 대통령의 모든 정책을 전폭적으로 지지한다. 나는 나의 이 맹세를 하나님 앞에서 큰 영광으로 생각한다.

그리고 나서 그는 전국의 민주당 지부에 링컨 정부에 협력을 아끼지 말아달라고 했다. 이 성명이 발표되자 전 국민은 더글러스의 애국심에 크게 감동했다. 그리고 더욱 용기를 내어 남부군에 대항하자고 기세를 떨치며 일어났다.

더글러스는 사방으로 뛰어다니면서 강연회를 열어 지원병을 모집했다. 하지만 그는 결국 지쳐 쓰러지고 말았다. 그리고 그해 6월 3일 끝내 숨을 거두고 말았다.

"아, 더글러스야말로 진정한 애국자였구나."

국민들은 더글러스의 죽음을 슬퍼했다. 누구보다도 더글러스의 죽음을 슬퍼한 사람은 링컨이었다. 그는 더글러스가 죽었다는 말을 전해 듣고 울음을 터뜨리고 말았다.

남부 연합군은 버지니아에 있는 리치먼드를 수도로 정하고 그곳에서 전쟁을 지휘했다. 리치먼드는 워싱턴에서 불과 150킬로미터 떨어진 곳이었다. 곧 버지니아가 미합중국에서 탈퇴한 것은 워싱턴에 있던 링컨 정부에게는 발등에 떨어진 불덩이와 같았다.

전쟁이 터지자 각 주로부터 지원부대가 계속 들어와 합중국은 어느 정도 안정을 되찾을 수가 있었다. 전쟁이 터질 당시 남부 연합국은 13개 주에 인구 950만밖에 되지 않았던 것에 비해 북부의 합중국은 23개 주에 인구가 2천만이 넘었기 때문에 숫자로는 북부가 훨씬 우세했다. 그러나 훌륭한 장교는 모두가 남부군 편에 있어서 전투 능력 면에서는 남부군이 훨씬 나았다.

그리하여 링컨은 계속 북부군이 불리하다는 보고를 들었고, 워싱턴 시내는 각처에서 몰려든 피난민들로 가득해졌다. 상황이 이렇다 보니 그의 마음은 얼마나 불안했겠는가. 하필 그런 전쟁통에 셋째 아들인 윌리엄이 병으로 세상을 떠났다. 둘째 아들 에드워드가 죽고 나서 꼭 10년이 지나 셋째마저 잃어버리자 링컨은 가슴이 미어지듯 아팠다.

각처에서 전쟁이 계속되고 있는 동안 미합중국 안에서는 말싸움까지 일어났다.

"이 전쟁이 도대체 합중국을 위하는 것인가, 아니면 노예를 해방시키기 위한 것인가."

이런 말을 듣고 링컨은 생각했다.

'물론 이 전쟁은 합중국을 결속하는 것이 첫째 목적이다. 노예를 구하는 일도 중요하지만 나라를 구하는 일은 더욱 중요하다. 하지만 노예를 그대로 놓아두고서 어떻게 우리 나라를 바르게 이끌고 그대로 유지할 수 있단 말인가. 그렇다. 나는 미합중국을 위하는 일과 노예를 구하는 일을 함께 하지 않으면 안 된다.'

9월 21일 아침, 링컨은 국무회의를 열고서 미리 준비해놓은 노예 해방에 대한 역사적인 선언문을 발표했다. '노예 해방 선언문'은 다음과 같이 간단하고 짧았다.

1863년 1월 1일을 기하여 나 합중국 대통령은 모든 노예를 영원히 해방한다.

이 선언문은 즉시 신문으로 보도되었다. 그로부터 약 3개월 후, 모든 노예가 자유의 몸이 되었다.

게티즈버그의 연설

그때 링컨이 발표했던 '노예 해방 선언문'은
인류 역사상 가장 훌륭한 선언문으로 평가를 받았다. 링컨은 소년
시절에 뉴올리언스에서 처음으로 노예시장을 보고 나서 마음 속 깊
이 결심했던 일을 기어이 이루고야 말았다.

선언문이 발표되자 미합중국 안에 살고 있던 노예들은 물론 국민
모두가 한바탕 축제 분위기에 휩싸였다. 그동안 각처에서 끊임없이
외쳤던 함성이 드디어 결실을 본 것이었다.

그러나 전쟁은 아직 끝나지 않았다. 그리고 이 전쟁에서 북부군이
이기지 못하면 그 선언문도 휴지조각이 되어버리는 것이었다.

'이 전쟁에서 반드시 우리가 이겨야만 한다. 그래야 하나님의 계
획이 이루어진다.'

링컨은 다짐하고 또 다짐했다. 노예 해방 선언문이 발표되자 누구

보다도 노예들의 기쁨은 이루 말로 형언할 수 없었다.

"이게 꿈인가 생시인가."

"링컨 대통령이야말로 우리 구세주이다."

"오, 하나님! 하나님, 감사합니다!"

그들은 모두 미치광이처럼 펄쩍펄쩍 뛰면서 감격하여 울음을 터뜨렸다. 그즈음 북부군의 그랜트 장군이 여기저기서 승리했다는 소식이 들렸다. 이에 힘입은 북부군은 다시 사기를 얻어 용감히 싸웠다. 그러면서 서서히 전쟁의 양상이 뒤바뀌기 시작했다. 게다가 북부군은 남부군의 작전 계획표를 손에 얻었다. 앤티이텀에서는 남부군을 공격하여 큰 승리를 거두기까지 했다.

이런 소식을 듣고서 링컨은 크게 안도의 숨을 내쉬었다.

어느덧 전쟁이 일어난 지 3년이 되었다. 이때 미시시피 강변에서 싸우던 그랜트 장군은 피츠버그를 향해 진격해 들어갔다. 이곳은 남부군에게 있어선 숨통과 같은 중요한 곳이었다. 한편 남부군의 사령관인 리 장군은 펜실베이니아 쪽으로 쳐들어와서 다시 워싱턴을 위협했다. 그들 역시 북부군의 중심을 찌르자는 계획이었던 것이다. 이에 맞서 링컨은 리드 장군에게 9만여 명의 병력을 주어 그들과 맞서도록 했다.

그해 7월 1일, 남북 양군은 워싱턴 북쪽으로 120킬로미터쯤 떨어져 있던 게티즈버그라는 마을 언덕에서 치열한 싸움을 벌였다.

쾅, 콰광! 탕, 탕, 탕!

양쪽 병사들이 쏘아대는 대포와 총소리가 산천을 뒤흔들면서 전투는 온종일 계속되었다. 링컨은 그 시간, 이 싸움의 승리를 위하여 몸부림치면서 하나님께 매달려 기도했다.

"하나님, 제발 우리 나라를 지켜주소서. 우리의 운명은 하나님 당신께 달려 있습니다."

이 전투에서 누가 이기느냐에 따라 운명이 결판났다. 그래서 양편의 병사들은 죽을 다해 포탄과 총알들을 쏟아냈다. 이 싸움은 무려 3일간이나 계속되었다. 그 사이 게티즈버그의 언덕은 온통 피와 시체로 뒤덮이고 말았다.

마침내 힘이 빠진 남부군은 병사들을 거의 잃고서 물러서기 시작했다. 하지만 이때 북부군 역시 지칠 대로 지쳐 있었기 때문에 그들을 추격할 수 없었다. 며칠 후, 피츠버그가 그랜트 장군의 손에 떨어졌다는 기쁜 소식이 전해져 왔다. 그 숨통을 조이던 양쪽 전투에서 북부군이 모두 승리를 거둔 것이다. 링컨은 안도의 숨을 내쉬었다.

"오 하나님, 감사합니다. 하나님, 감사합니다."

"위대한 합중국 만세!"

전쟁에서 전세를 잡고 승리로 이끌어가자 미국 도처에서는 만세를 외치는 함성으로 가득 찼다. 몇 주일 후 정부에서는 게티즈버그 전투의 승리를 기념하고, 거기서 죽은 수많은 병사들의 영혼을 위로하기 위해 그곳에다 국립묘지를 만들기로 결정했다.

어느덧 가을이 되어 게티즈버그에서 가장 치열한 싸움이 벌어졌던 언덕에서 기념식이 거행되었다. 2만여 명의 사람들이 각처에서

모여들었고, 링컨 대통령도 특별열차를 타고 도착했다. 이윽고 군악대의 구슬픈 연주와 함께 기념식이 시작되었다.

몇 달 전 참혹한 전투를 생각하면서 많은 사람들은 주체할 수 없는 눈물을 흘렸다. 순서에 따라 링컨 대통령은 단 위로 올라가 연설을 시작했다.

여러분, 지금으로부터 87여 년 전 우리 조상들은 이 대륙에 모든 사람은 다 평등하게 살도록 태어났다는 신념을 가지고 새 나라를 세웠습니다. 그러나 불행하게도 그 신념을 깨트리고 서로 죽이고 짓밟는 내란이 일어났습니다.

이제 우리는 새 나라가 이 땅에서 계속해서 발전해나갈 수 있도록 최선을 다해야 합니다. 몇 달 전 이곳에서 싸우다가 죽은 젊은이들은 새 나라를 굳건히 세우기 위하여 자기 목숨을 아낌없이 바친 사람들입니다.

여러분, 우리는 그들이 못다한 일들을 결코 잊어서는 안 됩니다. 이제는 그 못다한 일을 완수하기 위해 여기에 있는 우리가 몸을 바쳐야 합니다.

우리는 그들의 죽음이 조금도 헛되지 않도록 해야 합니다. 하나님의 보호 아래 이 나라에서 새로운 자유가 탄생되도록 하기 위해 그리고 국민의, 국민에 의한, 국민을 위한 정치가 이 땅에서 사라지지 않도록 하기 위하여 우리의 몸을 다 바칠 결심을 해야 합니다.

불과 3분짜리 짧은 연설이었지만 듣는 사람들에게 큰 감동을 주었다. 이 연설은 지금까지도 전 세계 사람들로부터 가장 위대한 연설문이라는 평가를 받고 있다.

그 이튿날 미합중국의 신문들은 일제히 그 연설문을 실어 보도했다.

'이처럼 사람들의 마음을 감동시키는 살아 있는 문장은 일찍이 없었다.'

특히 '국민의, 국민에 의한, 국민을 위한 정치'라는 말은 민주주의 최고의 이상이 무엇인가를 뚜렷하게 밝혀준 것으로, 민주주의를 찬양하는 전 세계 사람들에게 명언이 되어 오늘까지도 수많은 사람의 입에 오르내리고 있다.

링컨은 비단 합중국 사람들에게만 아니라 전 세계 사람들에게 민주주의 정신이 무엇인가를 가르쳐주었던 것이다.

링컨은 예전처럼 나라를 위하여 간절히 기도하고 있었다. 이때 백악관 정문에서 옥신각신하는 소리가 들렸다.

"글쎄 안 된다구요. 이런 밤중에 대통령 각하를 만나겠다니, 그런 어처구니없는 요청이 어디 있어요!"

백악관 수위병의 목소리에 이어 한 여인의 목소리가 들려왔다.

"그렇지만 지금 대통령 각하를 뵙지 못하면 내일 제 아들이 죽고 말아요. 제발 빕니다. 한 번만 뵙게 해주세요."

여인의 목소리는 무척 급하고 애절했다. 링컨은 무슨 일인가 싶어

바깥으로 조용하게 나가보았다. 수위병은 그런 줄도 모르고서 바깥에 서 있는 여인을 향하여 소리를 치고 있었다.

"당치도 않는 말은 그만 하고 빨리 돌아가요. 꼭 만나고 싶으면 내일 비서관을 통해 면회를 신청하든지."

"안 돼요. 오늘밤이 지나면 제 아들은 죽어요. 그러니 제발 대통령을 만나게 해주세요. 제 아들을 살려주세요. 이렇게 빌고 빕니다. 네?"

여인은 정문을 열어달라고 몸부림을 치고 있었다. 그곳을 보고 링컨은 그들에게 다가갔다.

"무슨 다급한 일이 있는 것 같은데?"

예상하지 못하게 대통령이 와서 말을 하자 수위병은 깜짝 놀랐다.

"저 여인이 들어오도록 문을 열어주게나."

문이 열리자 여인은 링컨 앞으로 다급하게 달려와 몸을 굽히고 흐느껴 울기 시작했다.

"내가 링컨입니다. 무슨 일인가요?"

"하나밖에 없는 자식입니다. 제발 살려주십시오."

링컨은 여인을 일으켜 세워 안으로 데리고가면서 말했다.

"무슨 이야기인지 안으로 들어가서 자세히 이야기해주세요."

링컨은 그 여인을 데리고 안으로 들어갔다. 지치고 초라해보이는 여인이었다.

"자, 이제 이야기를 해보시죠."

안으로 들어가 마주 앉으면서 링컨이 말을 하자 여인은 입을 열었다.

"저는 가난한 농사꾼입니다. 10여 년 전에 남편을 잃고는 베리라는 외아들 하나만 믿고 오늘까지 살아왔지요. 그런데 베리가 6개월 전에 지원병으로 입대했습니다."

말을 하다 말고 여인은 다시 흐느껴 울었다.

"그래서요? 그 아들이 어떻게 되었나요?"

"대통령 각하, 제 아들은 참으로 착한 아이입니다. 그런데 그 아이가 내일 총살을 당하게 되었어요."

"총살이라고요? 어쩌다 그렇게 되었습니까?"

여인은 눈물을 훔치고 나서 그 내막을 이야기했다.

아들 베리는 일주일 전쯤 모처럼 휴가를 나왔다. 그런데 그때 어머니인 자기가 몹시 앓고 있었기 때문에 휴가 내내 제대로 잠도 자지 못하고 꼬박 간호만 하다가 부대로 복귀했다. 아들 덕분에 어머니는 빨리 회복할 수 있었다.

그런데 전선으로 돌아간 아들이 그날 밤 보초를 서다가 그만 피곤에 못 이겨 졸고 말았다. 이 일이 적발되어 총살형을 언도받고 내일 꼼짝없이 죽게 되었다는 것이었다.

사정 얘기를 하고 나서 여인은 링컨에게 애원하며 매달렸다.

"대통령 각하, 제발 제 아들 베리를 살려주세요. 자식이라곤 그 녀석밖에 없습니다. 꼭 죽여야 한다면 차라리 이 저를 죽여주세요."

아들의 죽음을 앞둔 여인은 정신을 잃고 까무러쳤다. 링컨은 재빨리 여인의 어깨를 안아 올리며 말했다.

"알겠습니다. 제가 힘써볼테니 안심하십시오."

여인은 링컨의 말에 수없이 감사 인사를 했다. 그녀의 숙여진 허리는 펴질 줄을 몰랐다.

링컨은 그 즉시 편지를 써서 베리가 소속되어 있는 부대장 앞으로 긴급히 보냈다.

'베리의 총살을 중지할 것. 대통령 링컨.'

그 어떤 말도 없는 간단한 편지였다. 이 편지를 보내놓고 링컨은 그날 밤 얼마나 기뻐했는지 모른다.

나중에야 알게 된 사실이지만, 그날 베리는 자기 차례가 아닌데도 몸이 불편한 동료 병사를 대신하여 보초를 서주다가 그런 일을 당했던 것이다.

링컨은 나라의 큰일 때문에 참으로 바쁘고 힘들었지만, 국민 한 사람의 사정까지도 외면하지 않고 돌봐주었다.

다섯 아들을 전쟁터에 내보내 모두 잃고 말았다는 어느 과부의 이야기를 들었을 때에는 링컨이 손수 편지를 써서 위로했다.

다섯 아들을 다 잃었다니, 그 슬픔이 얼마나 크십니까! 당신의 그 슬픔을 어떤 말로 위로할 수 있겠습니까! 그러나 당신의 다섯 아들은 헛되이 죽은 것이 아닙니다. 우리 미합중국을 구하기 위하여 그처럼 귀중한 목숨을 바친 것입니다. 조국을 위해 젊은 목숨들이 쓰러져가는 것을 볼 때마다 대통령인 저로서는 마음이 아프고, 한편으로는 감격스러운 눈물이 납니다. 아무쪼록 당신의 그 쓰라린 상처를 하나님께서 위로해주시고, 당신 아들들의 그 귀중한 죽음이 자유의 제단에 바쳐져 영원히 빛날 수 있도록 기도를 드립니다. 대통령 링컨.

일찍이 어렸을 적에 아버지와 함께 사냥을 갔다가 어미 칠면조 한 마리가 총에 맞아 죽어가던 광경을 보고나서 그 후로는 절대로 총을 손에 잡아 본 일이 없었던 링컨이었다. 작은 새 한 마리의 죽음에도 그렇게 마음 아파했는데, 남북전쟁이라는 어려운 시대를 만나서 수만, 수십만 명이 넘는 젊은이들을 전쟁터로 내보내지 않으면 안 되었을 때 그의 마음이 얼마나 아팠겠는가!

또 네 살 난 둘째 아들 에드워드가 죽었을 때, 이곳 백악관으로 들어와서 셋째 아들 윌리엄이 앓다가 죽었을 때 링컨은 얼마나 가슴을 치면서 통곡을 했던가! 그런데 지금 합중국 안에 살고 있는 모든 아버지와 어머니가 그런 쓰라린 고통을 겪고 있다고 생각하자 링컨은 밀려오는 슬픔을 가눌 길이 없었다.

그래서 그는 길고 긴 전쟁 기간 동안 밤새도록 백악관의 뜰을 서성거리면서 남몰래 몸부림을 친 적이 한두 번이 아니었다. 잠자리에서조차 제대로 잠을 이루지 못했다. 쾅, 쾅, 터지는 대포소리와 '아버지', '어머니' 하고 외치면서 죽어가는 병사들의 비명소리가 그의 머릿속을 떠돌았기 때문이었다. 이런 때면 링컨은 그대로 무릎을 꿇고서 하나님께 매달렸다.

"하나님, 저들의 영혼을 받으소서. 그리고 그들의 죽음이 절대로 헛되지 않고 이 땅에 자유의 꽃으로 피어나게 하소서."

아, 총탄에

그랜트 장군이 피츠버그에서 거둔 승리와 리드 장군이 게티즈버그 전투에서 거둔 승리는 남북전쟁의 전세를 뒤바꾸기에 충분했다. 전쟁은 이제 북부군에게 유리하게 진행되었다.

"하나님은 확실히 우리 편에 계십니다."

어떤 사람이 그렇게 말하자 곧 링컨은 대답했다.

"나는 우리가 하나님 편이 되게 해달라고 간절히 기도했습니다."

그 후 그랜트 장군은 전투마다 승리를 거두어 사람들은 그를 영웅으로 떠받들었다.

1864년 3월, 링컨은 그랜트 장군을 북부군의 총사령관으로 임명했고 국회도 이를 승인했다. 그랜트 장군은 그 후 남부 연합국의 수도인 리치먼드를 포위하고 습격하기 시작했다. 남부로서는 이제 최

후의 성벽만 남은 셈이었다.

1864년은 4년간의 대통령 임기가 끝나고 다시 대통령 선거가 실시되는 해였다. 그해 6월 볼티모어에서 열린 공화당 전당대회에서 링컨은 다시 대통령 후보로 지명되었다. 전쟁에서 계속 승전보를 울리자 링컨의 인기도 따라서 올라갔던 것이다. 민주당의 후보는 매클렐런이었다. 그는 한때 북부군의 총사령관을 지냈다.

그해 11월에 열렸던 대통령 선거에서 링컨은 어렵지 않게 다시 대통령으로 당선되었다. 지난번보다 무려 35만여 표나 얻어 당당히 민주당을 눌렀던 것이다. 그러나 링컨은 기뻐하기보다 더욱 마음이 무거워졌다.

'아, 하나님은 나에게 대통령이라는 짐을 또 지워주셨구나.'

사람들에게는 대통령의 자리가 대단해 보였다. 하지만 다시 그 자리를 맡게 된 링컨에게는, 그 자리가 무거운 짐이라는 느낌을 넘어 가혹한 자리였다. 첫 번째 대통령이 되어 4년 동안 줄곧 어느 하루도 마음 편할 날이 없었기 때문이었다. 그동안에 얼마나 많은 사람들이 전쟁터에서 죽어갔고, 미국의 대륙들은 또 얼마나 황폐해지고 말았던가!

'아, 어서 전쟁이 끝나고 모든 사람이 평화롭게 살았으면….'

링컨은 하루라도 그런 생각을 가져보지 않은 날이 없었다.

1865년 3월 4일, 링컨은 두 번째로 대통령에 취임했다. 이날도 링컨은 수많은 사람들 앞에서 취임 연설을 했다. 전에 없이 비장하면서도 용기를 주는 내용이었다.

여러분, 우리는 하루빨리 이 비참한 전쟁을 끝내야 합니다. 그리고 폐허가 된 남부의 재건을 위해 여러 가지 대책을 마련해야 합니다. 저는 지금까지 미합중국을 탈퇴한 남부의 여러 주를 한 번도 남이라고 생각해본 적이 없습니다. 미합중국은 영원히 하나일 수밖에 없습니다. 그런데 불행하게도 오늘의 남부는 폐허 위에 상처밖에 남지 않았습니다. 그 모습을 보면 이루 말할 수 없이 가슴이 아픕니다.

여기까지 말한 링컨은 목이 메었다.

우리는 이 전쟁이 미합중국에 대한 하나님의 채찍임을 알아야 합니다. 그리고 하나님께서는 이 전쟁을 통하여 우리나라 안에서 이룩하려는 목적이 분명히 있다는 것도 믿어야 합니다. 그러기에 우리는 누구에게도 악한 마음을 품어서는 안 되며, 모든 사람을 사랑해야 합니다. 그리고 하나님의 정의를 굳게 믿고 우리가 시작한 일을 기어코 완수할 수 있도록 노력해야 할 것입니다. 또 우리 국민 모두가 아픈 상처를 서로 싸매주고, 싸움터에서 돌아온 병사들, 남편을 잃은 여인들, 부모를 잃은 고아들을 서로 따뜻하게 돌보아주어야 합니다. 나아가서 우리는 우리 미합중국뿐만 아니라 전 세계가 언제나 평화롭게 살 수 있도록 만들어야 합니다.

그의 연설은 짧지만 명료했고 호소력이 있었다. 그의 연설은 듣는 사람의 마음을 울리는 힘이 있었다.

"참으로 위대한 연설이다."

"저토록 훌륭한 정신이 어디서 나온단 말인가!"

"정녕 우리 시대를 위해서 태어난 사람이야."

링컨의 연설을 듣고 나서 심지어 다음과 같이 말한 사람도 있었다.

"그리스도 이후로 저만한 사람은 없을 거야."

어떤 말보다도 사랑으로 서로 감싸주어야 한다는 말이 그처럼 많은 사람들의 마음을 감동시켰던 것이다.

그로부터 한 달이 지난 4월 2일, 마침내 남부 연합국의 수도인 리치먼드가 함락되었다. 치열한 공방전 끝에 남부군은 모든 것을 포기하고 도망쳤다. 그 이튿날 링컨은 포터 제독과 함께 배를 타고 리치먼드로 시찰을 나섰다. 아직 위험하다고 말리는 사람도 있었지만 그는 꼭 가보고 싶었다.

"아직도 리치먼드는 전쟁터와 마찬가지입니다. 대통령 각하, 뒷날로 미루십시오."

그러나 링컨은 거절했다.

"하지만 거기에는 나를 기다리는 사람들도 많이 있지 않은가."

링컨은 해병들의 호위를 받으면서 텅 빈 리치먼드로 들어섰다. 시가지는 온통 불타버리고 건물 벽과 굴뚝들만 앙상하게 남아 있었다. 그의 일행이 중간쯤 이르렀을 때, 그동안 웅크리고 숨어 있던 흑인들이 링컨을 알아보고서 여기저기서 뛰쳐나왔다.

"링컨 대통령이시다."

"링컨이 오셨다."

"우리의 구세주이시다."

그들은 달려나와 무릎을 꿇고 링컨의 발에 입을 맞추면서 존경을 표시했고 함성을 지르기도 했다. 이때 링컨은 그들을 말리면서 일으켜세웠다.

"이러지 마십시오. 무릎은 하나님 앞에서만 꿇어야 합니다. 자, 어서들 일어나요."

그러자 흑인들은 일어나 박수를 치면서 일제히 찬송가를 불렀다.

"우리에게 자유를 주신 하나님을 찬양하라. 우리에게 자유를 주신 하나님을 찬양하라."

흑인들은 점점 더 불어나서 나중엔 링컨이 움직이기 어려울 정도가 되어버렸다. 링컨은 그들을 향해 말했다.

"모든 사람에게 자유를 주신 하나님께서 이제 여러분에게도 자유를 주셨습니다. 그러니 이제 여러분도 자유인답게 하나님을 잘 섬기면서 살아가기 바랍니다."

1865년 4월 9일, 드디어 남부 연합국은 손을 들고 항복했다. 힘겹고 지루했던 4년간의 남북전쟁이 끝나게 되었다.

다음날 아침 워싱턴 시가지는 축포소리가 하늘을 뒤덮었고, 교회마다 종소리가 요란하게 울려 퍼졌다. 그리고 거리는 환성을 지르는 사람들의 물결로 뒤덮였다. 수많은 사람들이 백악관으로 달려가 만세를 외쳤다.

"미합중국 만세!"

"민주주의 만세!"

"자유의 나라 만세!"

링컨은 이들을 바라보면서 온통 눈물로 뒤범벅된 얼굴로 말했다.

"여러분, 다시는 서로 미워하지 말고 갈라서지 맙시다."

그날 저녁 링컨은 처음으로 아내와 함께 마차를 타고 교외로 산책을 나갔다.

"여보, 워싱턴으로 온 후 지금까지 계속 괴로운 날만 보냈는데, 오랜만에 평화롭게 지낼 수 있게 되었구려. 앞으로 4년 동안 열심히 일하고 나서 정든 스프링필드로 돌아가 여생을 조용히 보내도록 합시다."

"하나님께서 잘 이끌어주실 거예요."

두 사람은 모처럼 여유롭고 평화로운 시간을 가졌다. 두 사람은 즐거운 산책을 마치고 늦게야 관저로 돌아왔다.

그 이튿날에는 탈주병의 사형을 취소시키고, 서명 밑에다 이같이 썼다.

'이 젊은이가 땅 속에 묻히는 것보다 땅 위에서 우리와 더불어 사는 것이 도움이 될 것이다.'

이튿날 간첩으로 붙잡힌 남부 사람의 사형을 취소시키면서 말했다.

"남부 사람도 우리 국민이다. 살아야만 다시 선량한 국민이 될 수 있는 것이다."

그는 모든 생명을 아끼고 존중했다.

며칠이 지난 1865년 4월 14일 밤, 아 그 시간이 링컨의 마지막 날이 될 줄 누가 알았으랴.

그 무렵 워싱턴에 있는 포드 극장에서는 매일 밤 희극 한 편이 공연되고 있었다. 링컨 부부는 그날 모처럼 홀가분한 마음으로 리스본 소령의 호위를 받으면서 극장으로 갔다. 극장 안은 벌써 사람들로 가득 차 있었다.

링컨이 2층의 특별석에 나타나자 일찍 시작된 연극이 잠시 중단되고 관중은 모두 일어나 박수를 보내었다. 링컨이 자리를 잡고 앉은 후 리스본 소령과 부인 메리가 각자 자리를 잡고 앉았다. 연극은 다시 이어졌다. 연극은 사람들의 마음을 사로잡았다.

바로 그때였다. 어떤 젊은이 하나가 특별석 뒷문을 살그머니 열고 들어와 링컨의 뒤로 다가섰다. 그러나 모두가 연극에 정신을 빼앗기고 있었기 때문에 누구 하나 그것을 알아차리지 못했다.

그 젊은이가 링컨의 뒤로 2미터쯤 되는 거리에 이르렀을 때였다.

탕!

요란한 총소리가 극장을 뒤흔들었다. 총소리와 함께 링컨은 앞으로 쓰러졌고 메리의 비명이 극장을 가득 채웠다. 리스본 소령이 그 젊은이를 붙잡으려 했으나 그는 재빨리 1층으로 뛰어내린 다음 정문으로 빠져나가 미리 대기시켜 놓은 말을 타고 도망쳐버렸다. 불과 30초도 안 되는 사이에 이 모든 일이 벌어졌다.

"대통령이 암살당했다!"

극장은 순식간에 아수라장이 되었고, 사람들은 급히 링컨을 맞은편 가정집으로 옮겼다. 곧 의사들이 달려왔으나 탄알이 뒤에서 뚫고

들어가 오른쪽 눈 사이에 박혔기 때문에 어떤 조처도 취할 수가 없었다.

메리는 남편을 붙들고 미친 듯 울부짖었고, 두 아들도 달려와서 오열했다. 많은 사람들은 기적을 바랐으나 그는 결국 숨을 거두고 말았다. 1865년 4월 15일 새벽, 그의 나이 쉰여섯이었다.

'링컨 대통령 암살당하다'

신문들이 크게 보도하고, 그 소식은 전국 방방곡곡으로 전해졌다. 합중국 대륙은 온통 슬픔에 빠졌다. 특히 흑인들이 울부짖는 모습은 말로 표현할 수 없었다. 그는 바로 흑인들의 아버지였던 것이다.

링컨을 암살했던 사람은 존 월크스 부스라는 젊은이였다. 한때 배우로서 꽤 이름을 날리기도 했던 사람이다. 그는 남부 사람으로 평소에 링컨 대통령을 싫어했다. 그러다 전쟁이 북부의 승리로 끝나자 암살을 계획했던 것이다.

부스는 링컨을 죽이고 나서 그 길로 버지니아에 있는 어느 집 헛간으로 뛰어 들어가 숨었다. 이 정보를 듣고 즉시 헌병들이 출동하여 그곳을 둘러싸고 항복하라고 했으나 그는 끝내 나오지 않고 버텼다. 그러자 헌병들은 그 헛간에다 불을 질러버렸다.

4월 19일, 백악관에서 엄숙한 영결식을 치룬 다음 링컨은 스프링필드로 향했다. 늘 돌아가고 싶어했던 곳을, 그는 이렇게 주검으로 돌아가게 되었다. 그의 관을 실은 열차는 사람들의 조문을 받기 위해 역마다 멈추었다. 이때마다 사람들은 구름떼처럼 몰려나와 울음을 터뜨리면서 작별을 고했다.

장례가 진행되는 동안 미합중국 사람들은 모든 일을 쉬면서 대통령의 죽음을 애도했다. 링컨의 죽음은 진정 온 국민의 슬픔이었다. 신문들은 계속하여 링컨이 살았을 때의 일들을 가득 싣고 그의 빛나는 업적을 서술했다.

'링컨이야말로 진실한 우리의 벗이었다. 그는 누구도 차별하지 않고 우리를 사랑했다.'

워싱턴을 떠나 14일이나 지난 후에 링컨의 관은 드디어 스프링필드에 도착했다. 사람들은 모두 뛰쳐나와 말없이 돌아온 링컨의 관을 맞으며 울음을 터뜨렸다.

"나는 임기를 마치고 이곳, 따뜻한 여러분의 곁으로 다시 돌아와서 예전보다 더 정답게 살고 싶지만 내가 바라는 대로 무사히 돌아올 수 있을런지 알 수 없습니다."

5년 전에 이 말을 남기고 이곳을 떠났던 링컨이 이제 말없이 관에 실려 돌아온 것이다.

마지막 장례식은 스프링필드에서 5월 4일에 거행되었으며, 링컨의 일생은 조용히 막을 내렸다.

그로부터 벌써 오랜 세월이 지났다. 그러나 시간이 지날수록 그의 훌륭한 인격과 교훈은 별처럼 빛났고 지금도 '에이브러햄 링컨' 하면 많은 사람들이 옷깃을 여민다.

"인간은 하나님의 손에 의해 모두가 평등하게 지어졌다."

이 말은 링컨과 함께 오래도록 전 세계 사람들의 가슴에서 기억될 것이다.

1809년	2월 12일, 켄터키 주 호젠빌의 통나무집에서 태어나다.
1816년(7세)	온 가족이 인디애나 주로 이사하다.
1818년(9세)	어머니 낸시가 우유병으로 세상을 떠나다.
1819년(10세)	아버지가 재혼하여 새어머니와 함께 살기 시작하다.
1828년(19세)	앨런 젠트리와 뉴올리언스를 여행하다.
	노예시장의 참혹함을 목격하다.
1831년(22세)	일리노이 주 뉴세일럼으로 독립하여 옮겨가다.
1832년(23세)	주의원 선거에서 낙선하다.
1833년(24세)	우체국장 일과 측량기사 일을 하다.
1834년(25세)	휘그당으로 주의원에 당선되다.
	독학으로 법률 공부를 시작하다.
	1838년, 1840년 계속 주의원에 당선되다.
1837년(28세)	변호사가 되다. 스프링필드로 떠나다.
1842년(33세)	메리 토드와 결혼하다.

1843년(34세)	첫아들 로버트 링컨이 태어나다. 후에 에드워드, 윌리엄, 토머스가 태어나다.
1846년(37세)	하원의원에 당선, 워싱턴으로 이사하다.
1858년(49세)	상원의원 선거에서 낙선하다.
1860년(51세)	공화당 대통령 후보로 지명되어 제16대 대통령으로 당선되다.
1861년(52세)	남북전쟁이 시작되다.
1862년(53세)	노예 해방 선언문을 발표하다.
1863년(54세)	게티즈버그에서 북군이 승리하다. '국민의, 국민에, 국민을 위한 정부'라는 유명한 연설 을 하다.
1864년(55세)	제17대 대통령으로 재선에 당선되다.
1865년(56세)	남북전쟁이 끝나다. 4월 14일에 총에 맞아 다음날인 15일, 세상을 떠나다.

Abraham
Lincoln

아버지가 자식을 긍휼히 여김 같이
여호와께서는 자기를 경외하는 자를 긍휼히 여기시나니
시편 103편 13절

실천 · 적용 편

"긍휼로 하나님께 영광을!"

—

부록1. 하나님이 원하시는 마음밭 만들기

부록2. 말씀과 성품 씨앗 심기

하나님이 원하시는 **마음밭** 만들기

성경에 나오는 긍휼은 남을 불쌍히 여겨 돌보아 주는, 우리를 향한 예수님의 마음을 말합니다. 하나님의 긍휼하심은 모든 이들을 외모로 판단하지 않고 그 중심을 보시며, 모든 피조물을 사랑하시는 것입니다. 그러므로 피부색으로 사람을 차별하는 것은 하나님의 긍휼한 마음에서 나온 것이 아닙니다.

그런데 흑인 노예제도를 지지하는 사람들은 오히려 성경을 근거로, 하나님께서 흑인을 차별해도 된다는 논리를 펴기도 했습니다. 하지만 링컨은 하나님의 마음을 바르게 알았고, 그 뜻대로 이루어가시는 하나님이심도 알았습니다. 그래서 흔들림 없이 하나님의 긍휼한 마음을 받아 끝까지 흑인 노예 해방이라는 목표를 향해 나아갔던 것입니다.

하나님은 흑인도 백인도 똑같은 자유를 가지고 권리를 누리면서 살도록 만드셨습니다. 그래서 모든 사람은 하나님 앞에서 다 평등합니다. 적어도 합중국 사람이라면 누구라도 이 나라에서 노예로 살아서는 안 됩니다. 왜냐하면 우리 합중국은 하나님께서 친히 세운 나라이기 때문입니다. (162쪽)

부록2 **말씀**과 **성품** 씨앗 심기

'긍휼'이란?

긍휼한 마음은 분노나 미움 대신에 상대의 고통이나 연약함에 대해 함께 동참하는 마음을 갖는 것이에요. 그래서 긍휼이 있는 곳에는 따뜻함이 있고 생명의 역사가 일어난답니다. 하지만 많은 사람들은 남에게 쉽게 화를 내고 자신의 잘못보다는 남의 잘못을 더 크게 봅니다. 하나님은 이런 우리의 모습을 슬퍼하십니다. 다른 사람의 연약함을 감싸주고 남들의 고통에 함께 동참하여 아파해주는 사람을 소중히 여기세요. 여러분도 하나님이 귀히 여기시는 사람이 되고 싶지 않나요?

말씀의 전신갑주를 입고 전진!

생활 속에서 긍휼을 실천하기 전에 먼저 하나님의 말씀으로 옷 입는 것이 중요합니다. 성경암송을 통해 소망을 마음판에 새기는 시간을 가져보세요(다 외웠으면 직접 적어보세요).

1단계 긍휼히 여기는 자는 복이 있나니 그들이 긍휼히 여김을 받을 것임이요 (마 5:7)

_____

_____

_____

_____

2단계 여호와께서는 모든 것을 선대하시며 그 지으신 모든 것에 긍휼을 베푸시는도다 (시 145:9)

_____

_____

_____

_____

3단계 이와 같이 이 사람들이 순종하지 아니하니 이는 너희에게 베푸시는 긍휼로 이제 그들도 긍휼을 얻게 하려 하심이라 (롬 11:31)

_____

_____

_____

_____

_____

4단계 긍휼을 행하지 아니하는 자에게는 긍휼 없는 심판이 있으리라 긍휼은 심판을 이기고 자랑하느니라 (약 2:13)

_____

_____

_____

_____

생활 속에서 직접 해보는 긍휼함 훈련

 학교 왕따, 학교 폭력은 싫어요

요즘 학교에는 안타까운 일들이 참 많아요. 학교 폭력, 왕따 등 친구들의 몸과 마음을 해치는 것을 많이 보지요. 이 모든 것은 하나님이 우리를 보고 긍휼하게 여기시는 마음과는 정반대의 마음에서 나온 일이에요. 하나님은 친구들을 사랑하라고 말씀하셨고, 나보다 약한 친구들을 도와주고 긍휼히 여기라고 하셨답니다.

> 구체적 적용 혹시 내 욕심이나 이기심 때문에 친구의 마음을 상하게 한 적이 있는지 먼저 자신을 돌아보세요. 그리고 주변에서 왕따나 학교 폭력을 목격한다면 선생님과 어른들, 혹은 폭력신고센터에 말하세요. 내가 해결하지 못하는 것은 어른들의 도움을 받는 게 좋아요.

 교회 힘든 친구 위로하기

교회에서 어려움을 당하여 슬퍼하는 친구를 위로해본 적 있나요? 우리는 때로 어렵고 힘든 상황을 맞이할 때가 있어요. 친구들도 마찬가지로 슬프고 어려운 상황에 놓일 때가 있습니다. 그럴 때 하나님의 긍휼한 마음으로 친구의 어깨를 토닥이며 위로해 보세요. 하나님은 긍휼히 여기는 자는 복이 있고 그들이 긍휼히 여김을 받을 것이라고 말씀하셨어요. 언젠가 내가 힘들 때, 내가 위로해줬던 그 친구들이 나에게 큰 기쁨이 되고 위로가 될 거예요.

> 구체적 적용 어려움에 처한 친구를 지나치지 말고 조심스럽게 위로해보세요. 무슨 일이 있는지 꼬치꼬치 묻기보다는 하나님의 긍휼한 마음으로 그 친구의 말을 들어봐주세요. 그것만으로도 큰 위로가 될 거예요. 흑인 노예들의 신음소리를 듣고 흘러나온 링컨의 긍휼한 마음은 훗날 노예 해방처럼 역사를 바꾸는 큰 일의 씨앗이 된다는 것을 잊지 마세요.

223

규장 신앙위인 북스 13

에이브러햄 링컨

초판 1쇄 발행 1992년 9월 30일
초판 16쇄 발행 2007년 5월 2일
개정판 1쇄 발행 2012년 11월 26일
개정판 2쇄 발행 2023년 4월 7일

지은이   오병학

펴낸이   여진구
편집   이영주 박소영 최현수 안수경 김도연 김아진 정아혜
책임디자인   마영애 노지현 조은혜 이하은
홍보 · 외서   진효지
마케팅   김상순 강성민   마케팅지원   최영배 정나영
제작   조영석   경영지원   김혜경 김경희 이지수

303비전성경암송학교 유니게 과정 박정숙
이슬비전도학교 / 303비전성경암송학교 / 303비전꿈나무장학회

펴낸곳   규장

주소   06770 서울시 서초구 매헌로 16길 20(양재2동) 규장선교센터
전화   02)578-0003   팩스   02)578-7332
이메일 kyujang0691@gmail.com   홈페이지 www.kyujang.com
페이스북 facebook.com/kyujangbook   인스타그램 instagram.com/kyujang_com
카카오스토리 story.kakao.com/kyujangbook
등록일 1978.8.14. 제1-22

책값 뒤표지에 있습니다.
ISBN 978-89-6097-212-4 03230

규 | 장 | 수 | 칙

1. 기도로 기획하고 기도로 제작한다.
2. 오직 그리스도의 성품을 사모하는 독자가 원하고 필요로 하는 책만을 출판한다.
3. 한 활자 한 문장에 온 정성을 쏟는다.
4. 성실과 정확을 생명으로 삼고 일한다.
5. 긍정적이며 적극적인 신앙과 신행일치에의 안내자의 사명을 다한다.
6. 충고와 조언을 항상 감사로 경청한다.
7. 지상목표는 문서선교에 있다.

하나님을 사랑하는 자 곧 그의 뜻대로 부르심을 입은 자들에게는 모든 것이 合力하여 善을 이루느니라(롬 8:28)

Member of the
Evangelical Christian
Publishers Association

규장은 문서를 통해 복음전파와 신앙교육에 주력하는 국제적 출판사들의
협의체인 복음주의출판협회(E.C.P.A:Evangelical Christian Publishers
Association)의 출판정신에 동참하는 회원(Associate Member)입니다.